Słowa uznania dla Paramahansy Joganandy za dogłębny komentarz do nauk Jezusa...

The Second Coming of Christ:
The Resurrection of the Christ Within You
(Wydawnictwo Self-Realization Fellowship, 2004)

„Zawiera zaskakujące przemyślenia na temat głębszego znaczenia nauk Jezusa i ich zasadniczej jedności z jogą, jedną z najstarszych na świecie i bardzo usystematyzowaną drogą duchową do osiągnięcia jedności z Bogiem. [...] Uznana za dzieło przełomowe przez uczonych w dziedzinie religioznawstwa porównawczego". — *Los Angeles Times*

„Arcydzieło duchowego objawienia [...]. W miarę jak Jogananda wgłębia się w życie i środowisko Jezusa, staje się jasne, że ewangelie zawierają uniwersalne przesłanie ezoteryczne, które czekało na pełne i systematyczne wyjaśnienie od czasów apostolskich. W komentarzu Joganandy to, co było ukryte, niejasne i powiedziane nie wprost, zostaje w pełni ujawnione". — *Yoga International*

„Publikacja *The Second Coming of Christ* ma wszelkie znamiona wydarzenia epokowego [...]. Obraz pełen majestatu, uniwersalny i głęboki. To nie jest zwykłe dzieło". — *Dayton Daily News*

„Niezwykłe, nowe dwutomowe dzieło... *The Second Coming of Christ: The Resurrection of the Christ Within* zawiera wnikliwe spostrzeżenia, które mogą pomóc chrześcijanom ujrzeć swą wiarę w nowym świetle". — *Kansas City Star*

„W świecie pełnym nienawiści, gwałtu, złości i pogrążonym w ciemności wydanie książki *The Second Coming of Christ: The Resurrection of the Christ Within* zsynchronizowane jest z potrzebą czasów". — *India Post*

„Jogananda obnaża podziały i dogmatyczne postawy, jakie nagromadziły się wokół nauk Jezusa, i zapewnia, że każdy człowiek – niezależnie od swojej tradycji religijnej – może mieć taką samą relacje z Bogiem, jaką miał Jezus". — *Sacred Pathways*

„Paramahansa Jogananda ukazuje uniwersalną prawdę o poznaniu jaźni ukrytą w ewangeliach, która odnosi się do wszystkich ludzi i może przyczynić się do zjednoczenia wszystkich religii w sferze wyższej świadomości – poza jakimikolwiek podziałami sekciarskimi. Książka ta może przemienić ludzkość w porze obecnego globalnego kryzysu, jeśli się ją rzetelnie przestudiuje i zastosuje zdobytą wiedzę w praktyce". — **Dr David Frawley, dyrektor Amerykańskiego Instytutu Studiów Wedyjskich**

„Ten odkrywczy komentarz [...] tchnie tą samą płynącą z serca mądrością i subtelnym pięknem, jakie kojarzymy z *Autobiografią jogina*. Jeśli z jakiegokolwiek powodu straciłeś łączność z przesłaniem Jezusa, to Jogananda jest idealnym przyjacielem, który przebudzi w tobie na nowo odczuwanie jego znaczenia i majestatu". — *Adyar Booknews* (Australia)

Paramahansa Jogananda (1893 – 1952)

Joga Jezusa

Rozumienie ukrytych nauk ewangelii

Wybór z pism
Paramahansy Joganandy

"Królestwo Boże jest bowiem w was"

Tytuł oryginału W języku angielskim wydanego przez
Self-Realization Fellowship, Los Angeles (Kalifornia):
The Yoga of Jesus

ISBN-13: 978-0-87612-556-4
ISBN-10: 0-87612-556-9

Przekład na polski: Self-Realization Fellowship
Copyright © 2016 Self-Realization Fellowship

Wszystkie prawa zastrzeżone. Z wyjątkiem krótkich cytatów wykorzystanych w recenzjach, żadna część „Jogi Jezusa" (*The Yoga of Jesus*) nie może być powielana, przechowywana, przesyłana lub rozpowszechniana w jakiejkolwiek formie ani za pomocą jakichkolwiek środków (elektronicznych, mechanicznych lub innych) dostępnych obecnie lub w przyszłości – włącznie z systemem kopiowania, nagrywania lub jakimkolwiek innym, który umożliwia przechowywanie i odtwarzanie informacji – bez uprzedniej pisemnej zgody Self-Realization Fellowship, 3880 San Rafael Avenue, Los Angeles, California 90065-3219, USA.

 Wydanie autoryzowane przez International Publications Council of *Self-Realization Fellowship*

Nazwa i emblemat *Self-Realization Fellowship* (widoczny powyżej) widnieją na wszystkich książkach, nagraniach oraz innych publikacjach wydanych przez SFR i upewniają czytelnika, że są to oryginalne prace organizacji założonej przez Paramahansę Joganandę i że wiernie przekazują one jego nauki.

Pierwsze wydanie w języku polskim przez *Self-Realization Fellowship*, 2016
First edition in Polish from *Self-Realization Fellowship*, 2016

To wydanie 2016
This printing 2016

ISBN-13: 978-0-87612-676-9
ISBN-10: 0-87612-676-X

1759-J3779

Spis treści

Przedmowa vii

Część I: Jezus Chrystus – awatar i jogin

1. Jezus awatar 3
   Przejawianie się Boga w boskich inkarnacjach. Powszechna Świadomość Chrystusowa. Prawdziwe znaczenie „drugiego przyjścia"

2. Jezus i joga 12
   Lata spędzone przez Jezusa w Indiach. Zagubione nauki ewangelii. Joga: uniwersalne, naukowe zasady religii

3. Tajemne nauki Jezusa – jogina 22
   O tym, jak każda dusza może osiągnąć Świadomość Chrystusową. Wielkie znaczenie Pocieszyciela czyli Ducha Świętego. Joga a Apokalipsa świętego Jana. Prawdziwy chrzest w Duchu

Część II: „Jedna droga" czy uniwersalność?

4. „Drugie narodziny": Rozbudzanie intuicji duszy 45
   Nauki Jezusa o „powtórnych narodzinach". Wyrażanie boskiego potencjału duszy. Przechodzenie ze świadomości materialnej do świadomości duchowej

5. „Wywyższenie Syna człowieczego" do Boskiej świadomości 55
   Niebiańskie sfery stworzenia Bożego. Ezoteryczna nauka o kundalini czyli „wężowej sile" w kręgosłupie

6. Prawdziwe znaczenie „wiary w Jego Imię" i zbawienia 64
   Czy Jezus jest jedynym zbawicielem? Dogmatyzm i nieporozumienia w instytucjonalnym „kościelnictwie". Ślepa wiara w przeciwieństwie do własnego poznania prawdy

Część III: Jezusowa joga boskiej miłości

7. Błogosławieństwa 77
   O tym, jak życie człowieka staje się błogosławione, pełne niebiańskiej szczęśliwości

8. Boska miłość: najwyższy cel religii i życia 94
   Dwa najwyższe przykazania: najpierw miłość do Boga, następnie służenie Bożej Obecności we wszystkim

9. Królestwo Boże w was 104
   Sedno przesłania Jezusa: szczęśliwe królestwo Ojca niebieskiego i metoda jego dostąpienia

O Autorze 119

Słowniczek 133

Przedmowa

- *Czy Jezus, podobnie jak starożytni mędrcy i mistrzowie Wschodu, nauczał medytacji jako sposobu wejścia do „królestwa niebieskiego"?*

- *Czy istniały „tajemne nauki", których udzielał swoim najbliższym uczniom, a które zostały zagubione lub zatajone w ciągu wieków?*

- *Czy rzeczywiście uczył, że wszyscy niechrześcijanie nie wejdą do królestwa niebieskiego? I czy dosłowne czytanie ewangelii rzeczywiście dociera do głębi Jego epokowego przesłania dla ludzkości?*

Paramahansa Jogananda odpowiada na te i inne pytania z pełnym szacunku zrozumieniem i bezprecedensową wnikliwością w *Second Coming of Christ: The Resurrection of the Christ Within You* (Drugie przyjście Chrystusa: zmartwychwstanie Chrystusa w tobie). Jego wnioski są zaskakująco zgodne z ustaleniami współczesnych badaczy religii odnośnie głęboko ezoterycznych, jak i empirycznych wymiarów wczesnego chrześcijaństwa, jak te ujawnione w ewangeliach gnostyckich i innych niedawno odkrytych manuskryptach, które pozostawały w ukryciu od drugiego i trzeciego wieku.

Paramahansa Jogananda znany jest jako „ojciec jogi na Zachodzie" i jako wybitna postać duchowa naszych czasów. *The Second Coming of Christ* (Drugie przyjście Chrystusa) – jego monumentalne dzieło na temat „oryginalnych nauk Jezusa" – zostało wydane w dwóch wielkich tomach (liczących w sumie ponad 1700 stron) w 2004 roku. W siedemdziesięciu pięciu dyskursach Autor prowadzi czytelnika, werset po wersecie, przez cztery ewangelie, wnikliwie omawiając prawdziwe znaczenie słów Jezusa; pokazuje, że mogą być one w pełni zrozumiałe tylko wtedy, gdy rozważy się je w świetle pierwotnego celu, w jakim były głoszone: miały wskazywać drogę do bezpośredniego, osobistego doświadczenia „królestwa Bożego w was".

W związku z wydaniem tego przełomowego dzieła, w gazecie „Los Angeles Times" (z 11 grudnia, 2004 r.) napisano: „*The Second Coming of Christ: The Resurrection of the Christ Within You* zawiera zadziwiające myśli o głębszym znaczeniu nauk Jezusa i ich zasadniczej jedności z jogą, jedną z najstarszych na świecie i bardzo usystematyzowaną drogą duchową do osiągnięcia jedności z Bogiem […]. Książka ma na celu odzyskanie najważniejszych według Jogananady nauk utraconych przez instytucjonalne chrześcijaństwo. Między innymi była w nich myśl, że każdy poszukujący może poznać Boga przez bezpośrednie doświadczenie w medytacji, a nie przez samą wiarę".

W innej recenzji, w czasopiśmie „Sacred Pathway" (Święta droga) z grudnia 2004 r., padło stwierdzenie: „Jogananda obnaża podziały i dogmatyczne postawy, jakie nagromadziły się wokół nauk Jezusa, i zapewnia, że każdy człowiek – niezależnie od swojej tradycji religijnej – może pozostawać w takim samym związku z Bogiem, jak Jezus […]. Przedstawia metody obcowania z Bogiem, które Jezus przekazał swoim bezpośrednim uczniom, ale które stały się niejasne w ciągu wieków, i wyjaśnia takie zagadnienia, jak Duch Święty, chrzest, medytacja, przebaczenie grzechów, reinkarnacja, niebo i piekło oraz zmartwychwstanie. Ukazuje przy tym podstawową jedność moralnych i ezoterycznych nauk Jezusa ze starożytną indyjską nauką jogi, medytacji i zjednoczenia z Bogiem". Książkę tę chwalili także specjaliści w dziedzinach religii, historii i uzdrawiania: „To jedna z tych rzadkich książek przerzucających mosty, rzeczywiście zmieniająca sposób widzenia postaci, którą w swoim mniemaniu dobrze znaliśmy" – napisał dr Robert Ellwood, emerytowany profesor na wydziale religii Uniwersytetu Południowej Kalifornii.

„*The Second Coming of Christ* Paramahansy Jogananady to jedna z najważniejszych istniejących analiz nauk Jezusa – wyraził się dr Larry Dossey, lekarz medycyny, wybitny autor i badacz w dziedzinie medycyny holistycznej. Wiele interpretacji słów Jezusa dzieli ludzi, kultury i narody; te wspierają jedność i uzdrowienie, i dlatego mają zasadnicze znaczenie dla dzisiejszego świata".

Czasopismo *Yoga International* z marca 2005 roku rozpoczęło recenzję tej książki słowami: „Joga stała się globalna w dwudziestym wieku. Teraz wydaje się prawdopodobne, że przepaść dzieląca nauki chrześcijańskie i starożytną duchową naukę indyjską ostatecznie zniknie w dwudziestym pierwszym wieku. Zapowiada to nowa książka Paramahansy Joganandy, *The Second Coming of Christ*, dowodząc, że przepaść ta zawsze była pozorna. Implikacje dla praktykujących jogę na Zachodzie – i dla ogółu społeczeństwa – są ogromne".

Niniejsza książka umożliwia czytelnikowi pierwsze spojrzenie na jogę ukrytą w ewangeliach – rewelacyjne odkrycie Paramahansy Joganandy, które przedstawił on o wiele dokładniej w *The Second Coming of Christ*.

Czym tak naprawdę jest joga?

Większość z nas jest przyzwyczajona do szukania spełnienia na zewnątrz siebie. Żyjemy w świecie, który uwarunkowuje nas do wierzenia, że zewnętrzne osiągnięcia mogą dać nam to, czego pragniemy. Jednak raz po raz doświadczenie pokazuje nam, że świat zewnętrzny nie może w pełni zaspokoić głębokiej wewnętrznej tęsknoty za „czymś więcej".

Najczęściej jednak przekonujemy się, że dążymy do czegoś, co zawsze wydaje się leżeć poza naszym zasięgiem. Angażujemy się bardziej w *czynności* niż w *bycie*, bardziej w *działanie* niż *świadome odczuwanie*. Trudno jest nam wyobrazić sobie stan całkowitego spokoju i spoczynku, w którym ustaje wieczny taniec myśli i uczuć. Tymczasem, to poprzez taki stan spokoju możemy osiągnąć poziom radości i zrozumienia niemożliwy do osiągnięcia w inny sposób.

Powiedziane jest w Biblii: „Uciszcie się i poznajcie, żem ja Bóg"*. W tych kilku słowach tkwi klucz do nauki jogi. Ta starożytna nauka duchowa podaje dokładne metody uciszenia niespokojnych z natury myśli i ciała, które uniemożliwiają nam poznanie, kim naprawdę jesteśmy.

Zwykle nasza świadomość i energia skierowane są na zewnątrz, do przedmiotów tego świata, które postrzegamy z pomocą ograniczonych narządów pięciu zmysłów. Jako że rozum ludzki musi polegać na częściowych i często zwodniczych danych dostarczanych przez zmysły fizyczne, musimy nauczyć się docierać do głębszych i subtelniejszych poziomów świadomości, jeśli chcemy rozwiązać zagadki życia – *Kim jestem? Dlaczego tu jestem? Jak mam poznać Prawdę?*

Joga to prosty proces odwracający kierunek przepływu energii i świadomości, które normalnie wypływają na zewnątrz nas; wtedy umysł staje się dynamicznym ośrodkiem bezpośredniej percepcji – już niezależnym od omylnych zmysłów, lecz zdolnym rzeczywiście doświadczać Prawdy.

Gdy praktykujemy systematycznie metody jogi – nie przyjmując niczego za rzecz oczywistą, nie kierując się emocjami ani ślepą wiarą – osiągamy poznanie naszej jedności z Nieskończoną Inteligencją, Mocą i Radością, która daje życie wszystkiemu i która jest istotą naszego własnego Ja[1].

W minionych wiekach nie bardzo rozumiano i mało praktykowano wyższe techniki jogi z powodu ograniczonej wiedzy człowieka o siłach rządzących wszechświatem. Jednak obecnie badania naukowe szybko zmieniają nasz sposób widzenia siebie i świata. Tradycyjna, materialistyczna koncepcja życia przestała istnieć wraz z odkryciem, że materia i energia są zasadniczo jednym i tym samym: każdą istniejącą substancję można zredukować do wzorca lub postaci energii, która oddziałuje i łączy się z innymi jej postaciami. Niektórzy ze współczesnych najbardziej cenionych fizyków idą o krok dalej, uznając, że świadomość jest podstawą całego bytu. Tak więc nowoczesna nauka potwierdza starożytne zasady jogi, które głoszą, że we wszechświecie panuje jedność.

Słowo *joga* oznacza „zjednoczenie" – indywidualnej świadomości, czyli duszy, z Powszechną Świadomością, czyli Duchem. Chociaż wielu sądzi, że joga to tylko ćwiczenia fizyczne – asany, czyli pozycje, które w ostatnich dziesięcioleciach zyskały szeroką popularność – stanowią one w istocie tylko najbardziej powierzchowny aspekt tej głębokiej nauki rozwijania nieskończonych możliwości ludzkiego umysłu i duszy.

Istnieją różne ścieżki jogi prowadzące do tego celu, przy czym każda jest wyspecjalizowaną gałęzią jednego wszechstronnego systemu:

Hatha-joga – system pozycji ciała, czyli asan, których wyższym celem jest oczyszczenie organizmu, dający nam świadomość i kontrolę nad wewnętrznymi stanami ciała i czyniący je zdolnym do medytacji.

---

[1] „Ja" (czyli Jaźń) pisane jest z wielkiej litery, aby zaznaczyć, że chodzi o duszę, prawdziwą tożsamość człowieka, w przeciwieństwie do ego albo pseudoduszy, niższego ja, z którym człowiek czasowo się utożsamia z powodu nieznajomości swej prawdziwej natury.

Przedmowa

Karma-joga – bezinteresowna służba innym, którzy stanowią część naszego własnego większego Ja, bez przywiązania do rezultatów; i wykonywanie wszystkich czynności ze świadomością, że Bóg jest ich Sprawcą.

Mantra-joga – skupianie świadomości w sobie przy pomocy *dźapy*, czyli powtarzania pewnych uniwersalnych podstawowych dźwięków, reprezentujących szczególne aspekty Ducha.

Bhakti-joga – całkowite poddanie się i miłość, poprzez które praktykujący stara się dostrzegać i kochać boskość w każdym stworzeniu i we wszystkim, w ten sposób nieprzerwanie oddając jej cześć.

Dźniana-joga – ścieżka mądrości, która kładzie nacisk na wykorzystywanie zdolności rozumu do rozróżniania w celu osiągnięcia duchowego wyzwolenia.

Radźa-joga – królewska albo najwyższa ścieżka jogi, ułożona w formalny system w drugim wieku p.n.e. przez indyjskiego mędrca Patańdźalego, łącząca istotne elementy wszystkich innych ścieżek.

U podstaw systemu radźa-jogi, równoważącego i jednoczącego wszystkie te podejścia, leży praktykowanie określonych, naukowych metod medytacji, które umożliwiają dostrzeżenie, od samego początku praktyki, przebłysków ostatecznego celu – świadomego zjednoczenia z niewyczerpaną szczęśliwością Ducha.

Najszybciej i najskuteczniej do celu jogi prowadzą takie metody medytacji, które bezpośrednio wykorzystują energię i świadomość. Takie właśnie bezpośrednie podejście charakteryzuje *krija-jogę*[2], szczególną odmianę medytacji radźa-jogicznej, nauczanej przez Paramahansę Joganandę.

Najukochańszym indyjskim świętym pismem jogicznym jest *Bhagawadgita* – głęboki traktat o zjednoczeniu z Bogiem i ponadczasowy przepis na szczęście i powodzenie we wszystkich sferach codziennego życia. To, że

---

[2] „*Krija* jest nauką pradawną – napisał Paramahansa Jogananda w *Autobiografii jogina*. – Lahiri Mahaśaja otrzymał ją od swego guru, wielkiego Babadźiego, który odzyskał i objaśnił technikę zagubioną w mrokach wieków. Babadźi nadał jej nową, prostą nazwę *krija-jogi*".
„*Krija-joga*, którą za twoim pośrednictwem daję światu w tym dziewiętnastym stuleciu – powiedział Babadźi do Lahiriego Mahaśaji – jest tą samą nauką, którą tysiące lat temu Kryszna przekazał Ardźunie; później znana ona była również Patańdźalemu, Chrystusowi, św. Janowi, św. Pawłowi i innym uczniom".

Jezus znał i głosił tę samą uniwersalną naukę urzeczywistnienia Boga w sobie i te same zasady duchowego życia, jest rewelacyjnym odkryciem udostępnionym przez Paramahansę Joganandę całemu światu, czego dowodzą stronice niniejszej książki.[3]

Krótkie dzieło, takie jak to, może dać tylko wstępny wgląd w głęboką i inspirującą zgodność nauk Jezusa Chrystusa i jogi. Czytelnicy, których zainspiruje ten wybór fragmentów, znajdą o wiele więcej szczegółów i praktycznych nauk przydatnych w codziennym życiu w dwóch tomach *The Second Coming of Christ*. Paramahansa Jogananda pisze we wstępie do tego dzieła:

„Na tych stronicach przekazuję światu intuicyjnie odebraną duchową interpretację słów wypowiedzianych przez Jezusa, prawd, które poznałem w rzeczywistym obcowaniu ze Świadomością Chrystusową. Odkryjecie, że są one uniwersalne, jeśli będziecie je studiować i nad nimi medytować z pomocą intuicyjnego postrzegania przebudzonej duszy. Ukazują one doskonałą jedność objawień chrześcijańskiej Biblii, indyjskiej *Bhagawadgity* i wszystkich innych sprawdzonych przez czas prawdziwych pism świętych.

Zbawiciele świata nie przychodzą po to, by wspierać szkodliwe podziały doktrynalne. Nie powinno się wykorzystywać ich nauk w tym celu. Jest nawet sporym nieporozumieniem nazywać Nowy Testament Biblią «chrześcijańską», albowiem nie jest ona wyłączną własnością żadnej grupy religijnej. Prawda ma być błogosławieństwem i wsparciem duchowym dla całej ludzkości. Świadomość Chrystusowa jest powszechna, dlatego Jezus Chrystus należy do wszystkich".

— *Self-Realization Fellowship*[4]

---

[3] Jednocześnie z niniejszą książką wydany został niewielki towarzyszący jej przewodnik *The Yoga of the Bhagavad Gita: An Introduction to India's Universal Science of God-Realization* (Joga Bhagawadgity. Wstęp do indyjskiej uniwersalnej nauki urzeczywistnienia Boga w sobie) – fragmenty wszechstronnych nauk Gity, przedstawione w cieszącym się wielkim uznaniem dwutomowym komentarzu [do Gity] Paramahansy Joganandy, *God Talks With Ardźuna: The Bhagavad Gita* (Bóg rozmawia z Ardźuną. Bhagawadgita).

[4] Dosłownie tłumacząc, „Stowarzyszenie Samorealizacji". Paramahansa Jogananda wyjaśnił, że nazwa Self-Realization Fellowship oznacza „wspólnotę z Bogiem poprzez samourzeczywistnienie i przyjaźń ze wszystkimi poszukującymi prawdy duszami".

Nota Wydawcy

Respektując prawa autorskie, w książce posłużono się cytatami pochodzącymi z Biblii Gdańskiej znajdującej się w *Internetowej Biblii 2000*. Wyjątek stanowi kilka wersetów, które zacytowano (w przekładzie tłumaczy książki) z ulubionej przez Paramahansę Joganandę Biblii Króla Jakuba (Ps 46:10, Mt 6:22, Łk 11:34, Łk 17:21), uznawszy, że dosłowne tłumaczenie z tej Biblii jest właściwsze w kontekście nauk Paramahansy Joganandy. Cytaty te zostały odpowiednio zaznaczone gwiazdką (*).

Biblia Gdańska jest jednym z najpopularniejszych polskich przekładów protestanckich Biblii. Dokonano go w roku 1632. Z powodu różnic między siedemnastowieczną a współczesną polszczyzną w cytowanych fragmentach wprowadzono odpowiednie zmiany językowe w słownictwie, składni lub pisowni.

Niekiedy w pewnych cytatach z Biblii znajdują się wtrącenia w nawiasach kwadratowych ([ ]), dodane przez tłumacza książki, aby uczynić cytaty lepiej zrozumiałymi.

Aby pomóc Czytelnikowi, który może nie znać pojęć i terminologii jogi oraz filozofii Wschodu, na końcu książki zamieszczono słowniczek.

Pozwoli on łatwo znaleźć definicje większości terminów, które są ważne dla zrozumienia przedstawionych przez Paramahansę Joganandę nauk Jezusa – terminów takich jak Świadomość Chrystusowa, Duch Święty, *Aum*, światy astralny i przyczynowy oraz różne terminy jogiczne odnoszące się do doświadczeń w medytacji i urzeczywistnienia Boga w sobie.

CZĘŚĆ I

Jezus Chrystus — Awatar i Jogin

- Czy wierzysz w boskość Chrystusa? - zapytał gość.

Paramahansa Jogananda odpowiedział:

- Tak, bardzo lubię o nim mówić, ponieważ był człowiekiem, który osiągnął doskonałe samourzeczywistnienie. Jednakże, nie był on jedynym synem Bożym ani nie uważał się za takiego. Przeciwnie, jasno nauczał, że ci, którzy spełniają wolę Boga, stają się, tak jak on sam, jednym z Nim. Czyż misja Jezusa na ziemi nie miała przypomnieć wszystkim ludziom, że Pan jest ich Ojcem Niebieskim, i ukazać im drogę powrotną do Niego?"

— Mądrości Paramahansy Joganandy

ROZDZIAŁ 1

Jezus awatar

Przejawianie się Boga w boskich inkarnacjach

Dla zwykłych śmiertelników radzenie sobie z życiem w zagadkowym wszechświecie pełnym niewyjaśnionych i nie dających się wyjaśnić tajemnic byłoby doprawdy niewyobrażalnie trudne, gdyby nie boscy wysłannicy, którzy przychodzą na ziemię, aby prowadzić ludzkość, przemawiając autorytatywnie głosem Boga.

Eony temu, w starożytnej, wyższej epoce w Indiach, *ryszi* głosili naukę o przejawianiu się Boskiej Dobroci, o „Bogu z nami" w postaci boskich inkarnacji, awatarów – Boga wcielonego na ziemi w oświecone istoty [...].

Liczne są głosy, które pośredniczyły między Bogiem a człowiekiem, *khanda awatarowie*, czyli inkarnacje dusz, które częściowo urzeczywistniły w sobie Boga. Mniej powszechnie pojawiają się *purna awatarowie*, wyzwolone istoty, które są w pełni jednym z Bogiem. Ich powrót na ziemię ma na celu spełnienie nakazanej przez Boga misji.

W świętej hinduskiej Biblii, *Bhagawadgicie*, Pan oznajmia:

„Ilekroć słabnie cnota, a szerzy się występek, tylekroć inkarnuję się jako awatar. W widzialnej postaci pojawiam się w każdej erze, aby ochraniać cnotliwych i zgubić złoczyńców, tak aby na nowo zapanowała prawość".

Jedna i ta sama wspaniała, nieskończona świadomość Boża, Kosmiczna Świadomość Chrystusowa, *Kutastha Ćajtanja*, przyodziewa się w indywidualność oświeconej duszy, łatwo rozpoznawalną, obdarzoną wyróżniającą się osobowością i pobożnym charakterem, odpowiednimi dla czasów i celu inkarnacji.

Bez tej interwencji miłości Boga, która pojawia się na ziemi w postaci przykładu, przesłania i prowadzącej dłoni Jego awatarów, prawie niemożliwe byłoby, aby błądząca po omacku ludzkość odnalazła powrotną drogę do królestwa Bożego pośród mrocznych wyziewów ułudy świata, kosmicznej substancji, w której ludzkość zamieszkuje. Aby pogrążone w mrokach niewiedzy dzieci Boga nie zagubiły się na zawsze w labiryntach ułudy stworzenia, Pan przychodzi raz po raz w ciałach oświeconych proroków, aby oświetlić drogę [...].

Poprzednikiem Jezusa był Gautama Budda, „Oświecony", którego inkarnacja przypomniała niepamiętającemu pokoleniu o Dharma Czakrze, wiecznie obracającym się kole karmy – zainicjowanym przez nas samych działaniu i jego skutkach, które czynią każdego człowieka, a nie Władcę Kosmosu, odpowiedzialnym za jego obecną sytuację. Budda ponownie tchnął ducha w suchą teologię i mechaniczne rytuały, które zdominowały starożytną religię wedyjską Indii po upływie wyższej epoki, kiedy to Bhagawan Kryszna, najukochańszy spośród indyjskich awatarów, głosił boską miłość i urzeczywistnienie Boga w sobie poprzez praktykę najwyższej duchowej nauki jogi, prowadzącej do zjednoczenia z Bogiem.

❖ ❖ ❖

Sednem misji miłości, którą przyszedł wypełnić Jezus, była Boska interwencja mająca na celu złagodzenie kosmicznego prawa przyczyny i skutku [karmy], z powodu którego człowiek cierpi za swoje błędy [...].

Jezus przyszedł, aby zademonstrować przebaczenie i współczucie Boga, którego miłość chroni nawet przed surowym prawem.

❖ ❖ ❖

Dobry Pasterz dusz otworzył swe ramiona dla wszystkich, nikogo nie odrzucając, i swą kosmiczną miłością zachęcił ludzi, by podążali za Nim drogą do wyzwolenia, dając przykład swego ducha poświęcenia, wyrzeczenia, przebaczenia, miłości zarówno do przyjaciół, jak i nieprzyjaciół, i nade wszystko najwyższej miłości do Boga.

Jako niemowlę w żłobku w Betlejem i jako Zbawiciel, który uzdrawiał chorych, wskrzeszał zmarłych i przykładał balsam miłości na rany powstałe wskutek błędów. Chrystus w Jezusie żył pośród ludzi jako jeden z nich, aby oni również mogli nauczyć się żyć jak bogowie.

Świadomość Chrystusowa: jedność z nieskończoną inteligencją Boga i szczęśliwością przenikającą całe stworzenie

Aby pojąć ogrom boskiej inkarnacji, konieczne jest zrozumienie źródła i natury świadomości wcielonej w awatara.

Jezus mówił o tej świadomości, gdy oświadczył: „Ja i Ojciec jedno jesteśmy" (Jan 10:30) i „Wierzcie mi, żem ja w Ojcu, a Ojciec we mnie" (Jan 14:11). Ci, którzy łączą swoją świadomość z Bogiem, znają zarówno transcendentną, jak i immanentną naturę Ducha – niezwykłość zawsze istniejącej, zawsze świadomej, zawsze nowej Szczęśliwości Niestworzonego Absolutu, a także miriady przejawów Jego Istoty w nieskończonej liczbie postaci, na które się On różnicuje w panoramie stworzenia.

❖ ❖ ❖

Jest istotna różnica w znaczeniu słów *Jezus* a *Chrystus*. Imię, które nadano tej wielkiej postaci, brzmiało *Jezus*, a „Chrystus" to jej zaszczytny tytuł. W małym ludzkim ciele zwanym Jezusem zamieszkała ogromna Świadomość Chrystusowa, wszechwiedząca Inteligencja Boga obecnego w każdej bez wyjątku cząstce stworzenia.

❖ ❖ ❖

Wszechświat nie jest skutkiem tylko przypadkowych wibrujących sił i cząstek elementarnych, jak twierdzą naukowcy o materialistycznych poglądach. Nie może on być przypadkową zbieraniną ciał stałych, płynów i gazów – tworzących ziemię, oceany, atmosferę, rośliny – harmonijnie z sobą powiązanych po to, aby zapewnić nadające się do zamieszkania dla ludzi środowisko. Ślepe siły nie potrafią same zorganizować się w inteligentnie zbudowane przedmioty. Tak jak potrzebna jest ludzka inteligencja, po to by wlać wodę do małych kwadratowych przegródek tacki na lód, ażeby zamienić wodę w kostki lodu, tak samo w łączeniu się wibracji w stopniowo ewoluujące formy w całym wszechświecie niezbędne jest działanie ukrytej Immanentnej Inteligencji.

❖ ❖ ❖

Cóż może być większym cudem niż jawna obecność Boskiej Inteligencji w każdej drobince stworzenia? To, jak z maleńkiego nasionka wyrasta ogromne drzewo. To, jak niezliczone światy krążą w nieskończonej

Nauka odkrywa inteligentny porządek

„Rozwój nauki przyczynił się do rozszerzenia zakresu poznania cudów natury, co pozwoliło obecnie odkryć porządek w najgłębszych zakamarkach atomu i pośród największych zbiorów galaktyk" – pisze dr Paul Davies, znany publicysta i profesor fizyki matematycznej w *Evidence of Purpose: Scientists Discover the Creator* (Świadectwo celowości: naukowcy odkrywają Boga), New York: Continuum Publishing, 1994.

Teoretyk systemów Erwin Laszlo pisze w *The Whispering Pond: a Personal Guide to the Emerging Vision of Science* (Szepczący staw: Osobisty przewodnik do nowej wizji nauki), Boston: Element Books,1999: „Precyzyjne dostrojenie fizycznego wszechświata do parametrów życia składa się z serii przypadków – jeśli to w ogóle przypadki [...], gdzie nawet najmniejsze odchylenie od określonych wartości oznaczałoby koniec życia albo, dokładniej, stworzyłoby warunki, w których życie w ogóle nie mogłoby powstać. Gdyby w jądrze atomu neutron nie był cięższy od protonu, czas życia Słońca i innych gwiazd skróciłby się do kilkuset lat; gdyby ładunek elektryczny neutronów i protonów dokładnie się nie równoważył, to wszystkie konfiguracje materii byłyby niestałe i wszechświat nie składałby się z niczego poza promieniowaniem i względnie jednorodnej mieszaniny gazów. [...] Gdyby silne oddziaływanie, które spaja cząstki jądra, było tylko o ułamek *słabsze*, niż jest, nie powstałyby deuteron i nie świeciłyby takie gwiazdy jak Słońce. A gdyby oddziaływanie to było odrobinę *silniejsze*, Słońce i inne aktywne gwiazdy rozdęłyby się i prawdopodobnie eksplodowały. [...] Wartości czterech podstawowych typów oddziaływań (elektromagnetyzm, grawitacja, silne i słabe oddziaływania jądrowe) były dokładnie takie, że w kosmosie mogło powstać życie".

Profesor Davies szacuje, że gdyby – tak jak utrzymują niektórzy naukowcy – nie istniała żadna kierująca inteligencja, a ewolucją wszechświata rządziły jedynie przypadkowo działające, ściśle mechaniczne prawa, to „gdyby procesy zachodzące we wszechświecie zachodziły tylko przypadkowo, do osiągnięcia stopnia uporządkowania, jaki panuje w nim obecnie, potrzebowałby on przynajmniej $10^{10^{80}}$ lat" – niewyobrażalnie więcej niż wynosi obecny wiek wszechświata. Cytując te wyliczenia, Laszlo zauważa ironicznie: „Aż tak szczęśliwy traf byłby raczej niewiarygodny" – i konkluduje – „Czy nie powinniśmy wobec tego rozważyć możliwości, że wszechświat, który oglądamy, jest skutkiem celowego planu wszechpotężnego budowniczego?". *(Nota Wydawcy)* przestrzeni, utrzymywane w celowym kosmicznym tańcu przez precyzyjnie zharmonizowane siły kosmiczne. To, jak z jednej mikroskopijnej komórki tworzy się cudownie złożone ciało ludzkie, które obdarzone zostaje inteligencją i samoświadomością, i niewidzialną mocą utrzymywane jest przy życiu, uzdrawiane i ożywiane. W każdym atomie tego zdumiewającego wszechświata Bóg nieustannie dokonuje cudów; ale zaślepiony człowiek przyjmuje je jako coś oczywistego.

❖ ❖ ❖

Chrystus jest Nieskończoną Inteligencją Boga, która jest obecna w całym stworzeniu. Nieskończony Chrystus jest „synem jednorodzonym" Boga Ojca, jedynym czystym odbiciem Ducha w stworzonym świecie. Ta Kosmiczna Inteligencja, *kutastha ćajtanja* czyli Świadomość Kryszny z hinduskich pism świętych, przejawiła się w pełni w inkarnacjach Jezusa, Kryszny i innych boskich postaciach; i może się ona także przejawić w twojej świadomości.

❖ ❖ ❖

Wyobraź sobie! Gdybyś całe życie mieszkał w jednym pokoju, nie mając kontaktu ani wiedzy o tym, co jest poza jego ścianami, to powiedziałbyś, że pokój to cały twój świat. Ale gdyby ktoś zabrał cię do zewnętrznego świata, uświadomiłbyś sobie, jak maleńki był twój „świat". Tak samo jest z postrzeganiem Świadomości Chrystusowej. Natomiast zakres świadomości zwykłego śmiertelnika można porównać do obszaru wielkości maleńkiego ziarnka gorczycy z pominięciem reszty kosmosu. Świadomość Chrystusowa jest Wszechobecnością, Panem rozciągającym się nad każdym zakamarkiem nieskończonej przestrzeni i przenikającym każdy atom.[1]

❖ ❖ ❖

Świadomość mrówki ogranicza się do doznań docierających z jej maleńkiego ciała. Świadomość słonia rozciąga się na całą jego ogromną

---

[1] Zob. także s. **23** i dalsze. Przeciwna siła w stworzeniu, stwarzająca dysharmonię, choroby, oddzielenie i niewiedzę, została uosobiona w Biblii jako Szatan. W filozofii jogi ta omamiająca siła zwana jest *mają* lub *apara-prakryti*. Paramahansa Jogananda podaje jej obszerne wyjaśnienie w *The Second Coming of Christ: The Resurrection of the Christ Within You*.

posturę, tak że odczuwa on jednocześnie dotyk dziesięciu osób na różnych częściach swego ciała. Świadomość Chrystusowa [...] sięga granic wszystkich sfer wibracyjnych.

Wibracyjne stworzenie jest w całości uzewnętrznieniem Ducha. Wszechobecny Duch ukrywa się w wibracyjnej materii, tak jak olej w oliwce. Kiedy ściśnie się oliwkę, na jej skórce pojawiają się maleńkie krople oleju. Podobnie Duch, w procesie ewolucji, stopniowo wyłania się z materii jako indywidualne dusze. Duch wyraża siebie jako piękno i siły magnetyczne i chemiczne w minerałach i kamieniach szlachetnych; jako piękno i życie w roślinach; jako piękno, życie, siła, ruch i świadomość w zwierzętach; jako zdolność rozumienia i rosnąca siła w człowieku; i ponownie powraca do Wszechobecności w człowieku doskonałym.[2]

W ten sposób każdy kolejny etap ewolucji przejawia Ducha w coraz to większej mierze. Zwierzę, w przeciwieństwie do nieruchomych minerałów i wrośniętych w podłoże roślin, dzięki poruszaniu się i czującej świadomości może doświadczać większej części Bożego stworzenia. Dodatkowo człowiek, dzięki samoświadomości, rozumie myśli swoich współbraci i może wędrować myślami po rozgwieżdżonym niebie, przynajmniej mocą wyobraźni.

Człowiek doskonały rozszerza swoją energię życiową i świadomość poza ciało na całą przestrzeń, dosłownie czując, że jest wszystkimi wszechświatami w ogromnym kosmosie, a także każdym mikroskopijnym atomem Ziemi. Odzyskuje on utraconą wszechobecność Ducha, uwięzionego w duszy jako Duch zindywidualizowany [...].

Świadomość Jezusa przeniosła się z obrębu Jego ciała do granic całego skończonego stworzenia w obszarze wibracyjnego przejawiania: sfery przestrzeni i czasu zawierającej światy planet, gwiazdy, Drogę Mleczną i naszą małą rodzinę Układu Słonecznego, którego Ziemia jest częścią i na której ciało fizyczne Jezusa było zaledwie pyłkiem. Jezus, drobinka na Ziemi, stał

---

[2] W filozofii jogi tych pięć etapów ewolucyjnych związanych jest z pięcioma „kosiami" (*kośa*), powłokami, które rozwijają się stopniowo, w miarę jak stworzenie ewoluuje od materii nieożywionej do czystego Ducha. Zob. *God Talks With Arjuna: The Bhagavad Gita*, s.63 i dalsze, komentarz do I: 4-6. (*Nota Wydawcy*)

się Jezusem Chrystusem, a Jego wszechprzenikająca świadomość stopiła się w jedności ze Świadomością Chrystusową.

Główna nauka Jezusa: jak stać się Chrystusem

Działanie Boga w stworzeniu ma na celu przyciąganie wszystkich istot z powrotem do świadomej jedności z Nim poprzez ewolucyjne pobudzanie Inteligencji Chrystusowej. [...] Kiedy na świecie szerzy się cierpienie, Bóg odpowiada na wezwanie dusz swoich wielbicieli, przysyłając boskiego syna, który przykładem swego wzorowego życia duchowego, wyrażającego Świadomość Chrystusową, może nauczyć ludzi współpracy z Jego dziełem zbawienia w ich życiu.

❖ ❖ ❖

To o tej Nieskończonej Świadomości, pełnej miłości i szczęśliwości Bożej mówił święty Jan: „Lecz którzykolwiek go przyjęli [Świadomość Chrystusową], dał im tę moc, aby się stali synami Bożymi". Zatem, zgodnie z nauką Jezusa, podaną przez Jego najbardziej zaawansowanego w rozwoju duchowym ucznia, Jana, wszystkie dusze, które jednoczą się ze Świadomością Chrystusową poprzez intuicyjne poznanie Jaźni, słusznie nazywane są synami Bożymi.

❖ ❖ ❖

Przynależność do kościoła ani zewnętrzny rytuał uznania Jezusa za swojego zbawiciela, bez rzeczywistego poznania Go poprzez kontakt z Nim w medytacji, nie wystarczą, aby przyjąć Chrystusa. Poznać Chrystusa można zamykając oczy, rozszerzając świadomość i tak mocno pogłębiając koncentrację, że dzięki wewnętrznemu światłu intuicji duszy uczestniczy się w tej samej świadomości, jaką miał Jezus.

Święty Jan i inni rozwinięci duchowo uczniowie Jezusa, którzy naprawdę „Go przyjęli", odczuwali Go jako Świadomość Chrystusową obecną w każdym punkcie przestrzeni. Prawdziwy chrześcijanin – człowiek Chrystusowy – to ten, który uwalnia duszę ze świadomości ciała i jednoczy ją z Inteligencją Chrystusową przenikającą całe stworzenie.

❖ ❖ ❖

Mała filiżanka nie może pomieścić w sobie oceanu. Podobnie filiżanka ludzkiej świadomości, ograniczonej fizycznym i umysłowym instrumentarium ziemskiej percepcji, nie może objąć Kosmicznej Świadomości Chrystusowej, bez względu na to, jak bardzo człowiek by tego pragnął. Dzięki określonym, naukowym metodom medytacji, od tysiącleci znanym joginom i mędrcom indyjskim, a także Jezusowi, każdy człowiek poszukujący Boga może powiększyć wymiar swojej świadomości do rozmiarów świadomości wszechwiedzącej, aby pomieścić w sobie Kosmiczną Inteligencję Boga.

❖ ❖ ❖

Boska moc poznania Chrystusa w sobie jest doświadczeniem wewnętrznym; można ją uzyskać, jeśli jest się w pełni oddanym Bogu i Jego czystemu odbiciu – Chrystusowi. Siła kościołów i świątyń przeminie. Prawdziwa duchowość nadejdzie z wewnętrznych świątyń wielkich dusz, które dniem i nocą zatopione są w boskiej ekstazie. Dusze takie, które widziałem w Indiach, przewyższają chwałą wszystkie świątynie. Pamiętaj, Chrystus szuka świątyń szczerych dusz. Kocha cichą kaplicę oddania w twoim sercu, w której z Nim przebywasz, w sanktuarium rozświetlonym czuwającym światłem twojej miłości. Ci, którzy szczerze medytują, przyjmą Chrystusa na ołtarzu spokoju we własnej świadomości.

❖ ❖ ❖

Nadając temu dziełu tytuł: *The Second Coming of Christ*[3], nie mam na myśli dosłownego powrotu Jezusa na ziemię. Przyszedł On dwa tysiące lat temu i po wskazaniu powszechnej drogi do królestwa Bożego został ukrzyżowany i zmartwychwstał; nie musi On teraz ponownie pojawić się wśród ludzi, aby wypełniły się Jego nauki. Teraz potrzeba tego, aby kosmiczna mądrość i boskie postrzeganie Jezusa przemówiły ponownie poprzez własne doświadczenie każdego z nas i zrozumienie przez nas nieskończonej Świadomości Chrystusowej, której Jezus był ucieleśnieniem. To będzie Jego prawdziwe drugie przyjście.

❖ ❖ ❖

---

[3] Paramahansa Jogananda ma na myśli swoje obszerniejsze dzieło, na podstawie którego skompilowano *Jogę Jezusa*.

Prawdziwi naśladowcy Chrystusa to ci, którzy poprzez medytację i ekstazę odczuwają we własnej świadomości wszechobecną kosmiczną mądrość i szczęśliwość Jezusa Chrystusa [...]. Wyznawcy, którzy chcą prawdziwie odzwierciedlać Świadomość Chrystusową, a nie tylko nazywać się chrześcijanami, muszą znać i rzeczywiście odczuwać obecność Wszechobecnego Chrystusa przez cały czas; muszą obcować z Nim w ekstazie i musi ich prowadzić Jego Nieskończona Mądrość.

Niniejsze nauki zostały zesłane, aby objaśnić prawdę tak, jak Jezus chciał, aby świat ją poznał – nie po to, aby stworzyć nowe chrześcijaństwo, lecz aby przekazać prawdziwą naukę Chrystusa: jak stać się takim jak Chrystus, jak ożywić Wiecznego Chrystusa w sobie.

ROZDZIAŁ 2

Jezus i joga

Ciągłość słowa Bożego przekazywanego poprzez Jego awatarów pięknie symbolizuje duchowa wymiana między Jezusem w czasie Jego narodzin a Trzema Mędrcami indyjskimi, którzy przybyli, aby uczcić Jego inkarnację.

❖ ❖ ❖

W Indiach istnieje bardzo silna tradycja, potwierdzona autorytetem wielkich metafizyków, przekazywana ustnie w opowieściach i zapisana w starożytnych manuskryptach, że mędrcy ze Wschodu, którzy przybyli do maleńkiego Jezusa do Betlejem, byli w istocie wielkimi mędrcami indyjskimi. Prawdą jest nie tylko to, że indyjscy mistrzowie przybyli do Jezusa, lecz też i to, że On odwzajemnił im ich wizytę.

Podczas nieznanych lat życia Jezusa – Pismo Święte nie wspomina o latach mniej więcej od czternastego do trzydziestego roku Jego życia – wyprawił się On do Indii, prawdopodobnie podróżując dobrze znanym szlakiem handlowym, łączącym kraje śródziemnomorskie z Chinami i Indiami.

Jego własna Boska świadomość, na nowo przebudzona i umocniona w towarzystwie mistrzów i duchowego środowiska indyjskiego, dała Mu dostęp do uniwersalnej prawdy, z poziomu której potrafił On głosić proste, otwarte przesłanie, zrozumiałe dla ludzi Jego rodzinnego kraju, zarazem jednak pełne ukrytych znaczeń, które zostaną zrozumiane przez przyszłe pokolenia, gdy umysł ludzki przejdzie z okresu dziecięctwa do dojrzałości i zdoła je pojąć.

„Zagubione lata" Jezusa

W Nowym Testamencie na życie Jezusa po ukończeniu przez Niego dwunastu lat opada kurtyna milczenia, która podnosi się dopiero osiemnaście lat później, kiedy to przyjmuje On chrzest od Jana i zaczyna nauczać rzesze ludzkie. Powiedziane jest tam tylko tyle: „A Jezus pomnażał się w mądrości i we wzroście, i w łasce u Boga i u ludzi" (Łk 2:52).

To, że współcześni tej niezwykłej postaci nie znaleźli niczego wartego odnotowania w okresie od dzieciństwa Jezusa aż do trzydziestego roku Jego życia, jest samo w sobie niezwykłe.

Indie: Matka religii

Liczne dowody na prymat duchowej kultury indyjskiej w starożytnym świecie przedstawiają dr Georg Feuerstein, dr Subhash Kak i lekarz medycyny wschodniej, David Frawley, w *In Search of the Cradle of Civilization: New Light on Ancient India* (W poszukiwaniu kolebki cywilizacji. Nowe spojrzenie na starożytne Indie), Wheaton IL.: Quest Books, 1995: „Stare powiedzenie *ex oriente lux (Ze wschodu przychodzi światło)* to nie frazes, bowiem pochodnia cywilizacji, zwłaszcza doniosła święta tradycja wiecznej mądrości, została nam przekazana z półkuli wschodniej. [...] Na wytwory Środkowego Wschodu – judaizm i chrześcijaństwo, które w przeważającej mierze ukształtowały naszą cywilizację – wpłynęły idee wywodzące się z krajów leżących dalej na wschód, zwłaszcza z Indii".

Święte pisma indyjskie „zawierają najstarszą istniejącą filozofię i psychologię naszej rasy" – pisze znany historyk Will Durant w *Our Oriental Heritage. The Story of Civilization, Part I* (Nasze wschodnie dziedzictwo. Historia cywilizacji, część I). Robert C. Priddy, profesor historii i filozofii na Uniwersytecie Oslo, napisał w *On India's Ancient Past*, [1999] (O starożytnej przeszłości Indii): „Przeszłość Indii jest tak starożytna i miała tak istotny wpływ na powstanie cywilizacji i religii, przynajmniej dla prawie wszystkich w Starym Świecie, że większość ludzi może twierdzić, iż rzeczywiście stanowi ona najstarsze ogniwo w ich własnej odysei [...]. Najstarsze nauki duchowe świata tradycji wedyjskiej, będącej matką religii, zawierają najwznioślejszą i najbardziej uniwersalną ze wszystkich filozofii".

Historyk D.P. Singhal w swym dwutomowym dziele *India and World Civilization* (Cywilizacja Indii i świata) [Michigan State University Press, 1969] obszernie dokumentuje duchowy wpływ Indii na świat starożytny. Opisuje on wykopalisko – wazę znalezioną w pobliżu Bagdadu – które doprowadziło badaczy do wniosku, że „już w pierwszej połowie trzeciego tysiąclecia p.n.e. W Mezopotamii praktykowano kult indyjski [...]. Archeologia udowodniła zatem, że na dwa tysiące lat przed najwcześniejszymi wzmiankami w tekstach wyrytych pismem klinowym, dotyczących kontaktu z Indiami, Indie wysyłały swe wyroby do kraju, który uznaje się za kolebkę zachodniej cywilizacji". *(Nota Wydawcy)*

Jednakże, niezwykłe relacje rzeczywiście istnieją, nie w kraju narodzin Jezusa, lecz dalej na wschodzie, gdzie spędził On większość „zagubionych" lat. Bezcenne zapisy leżą ukryte w tybetańskim klasztorze. Mowa w nich o świętym Issie z Izraela, „w którym przejawiła się dusza wszechświata"; który od czternastego do dwudziestego ósmego roku życia przebywał w Indiach i w rejonie Himalajów pośród świętych, mnichów i panditów; który głosił swoje przesłanie w tym obszarze, a potem powrócił do rodzinnego kraju, aby tam nauczać; gdzie potraktowano Go okrutnie, skazano i ukrzyżowano. Poza zapisami pochodzącymi z tych starożytnych manuskryptów nie opublikowano żadnych innych historii dotyczących nieznanych lat życia Jezusa.

Zrządzeniem opatrzności rosyjski podróżnik Nikołaj Notowicz odkrył i skopiował te starożytne zapiski [w klasztorze Himis w Tybecie]. [...] W 1894 roku sam opublikował swoje notatki pod tytułem *The Unknown Life of Jesus Christ* (*Nieznane życie Jezusa*, Zakopane, 2011) [...].

W 1922 roku swami Abhedananda, w prostej linii uczeń Ramakryszny Paramahansy odwiedził klasztor w Himis i potwierdził wszystkie istotne szczegóły odnośnie Issy opublikowane w książce Notowicza.

Mikołaj Roerich podczas wyprawy do Indii i Tybetu w połowie lat dwudziestych widział i skopiował ze starożytnych manuskryptów te same albo przynajmniej podobne co do treści wersety, jak te opublikowane przez Notowicza. Był również pod wielkim wrażeniem ustnej tradycji tego obszaru: „W Śrinagarze po raz pierwszy zetknęliśmy się z niezwykłą legendą o wizycie Chrystusa w tym mieście. Później przekonaliśmy się, jak powszechnie znana jest w Indiach, w Ladakh i Azji Środkowej legenda o wizycie Chrystusa w tych rejonach podczas Jego długiej nieobecności wspomnianej w Ewangelii".

❖ ❖ ❖

Indie są matką religii. Cywilizację indyjską uznano za o wiele starszą od legendarnej cywilizacji egipskiej. Jeśli zbadacie ten temat, dostrzeżecie wpływ starożytnych świętych pism indyjskich, poprzedzających wszystkie inne pisma objawione, na egipską *Księgę Umarłych*, Stary i Nowy Testament, a także na inne religie. Wszystkie miały kontakt z religią indyjską i z niej czerpały, ponieważ Indie specjalizowały się w religii od niepamiętnych czasów.

Zatem było tak, że sam Jezus udał się do Indii. W manuskrypcie odkrytym przez Notowicza czytamy: „Issa potajemnie opuścił dom rodzinny i Jerozolimę i z karawaną kupców udał się do Sindh w celu doskonalenia się w poznawaniu Słowa Bożego i studiowaniu praw wielkich Buddów". [1]

❖ ❖ ❖

Nie oznacza to, że Jezus dowiedział się wszystkiego, czego nauczał, od swoich duchowych mentorów i towarzyszy w Indiach i sąsiednich rejonach. Awatarowie przychodzą z własnym darem mądrości. Pobyt pośród hinduskich panditów, mnichów buddyjskich, a zwłaszcza wielkich mistrzów jogi, którzy wtajemniczyli Go w ezoteryczną naukę osiągania jedności z Bogiem poprzez medytację, jedynie rozbudził i ukształtował zasób Jego boskiego poznania tak, aby służył Jego wyjątkowej misji. Z wiedzy, którą zebrał, oraz z mądrości otrzymanej z duszy w głębokiej medytacji wydobył On kwintesencję, którą przedstawił rzeszom ludzkim w postaci prostych przypowieści ilustrujących idealne zasady, którymi należy kierować się w życiu, aby podobać się Bogu. Ale tych bliskich uczniów, którzy byli do tego przygotowani, uczył On głębszych tajemnic, o czym świadczy księga *Objawienie świętego Jana* w Nowym Testamencie, której symbolizm zgadza się dokładnie z jogiczną nauką urzeczywistnienia w sobie Boga. *[Zob. strona 34]*

❖ ❖ ❖

Dokumenty odkryte przez Notowicza uzasadniają historycznie moje od dawna żywione przekonanie, którego nabrałem, przypominając sobie swe najmłodsze lata w Indiach, że Jezus miał łączność z indyjskimi ryszimi poprzez Trzech Mędrców ze Wschodu, którzy przybyli do Jego żłóbka i z powodu których odbył podróż do Indii, aby otrzymać ich błogosławieństwo i rady dotyczące Jego światowej misji. Na stronicach niniejszej książki postaram się wykazać, że Jego nauka, płynąca z duszy dzięki

---

[1] Por. przekład tego wersetu z języka tybetańskiego swamiego Abhedanandy: „W owym czasie jego wielkim pragnieniem było osiągnąć pełną realizację boskości i nauczyć się religii u stóp tych, którzy osiągnęli doskonałość poprzez medytację". – *Journey into Kaszmir and Tibet* (Podróż do Kaszmiru i Tybetu).

urzeczywistnieniu Boga w sobie i wsparciu z zewnątrz poprzez studia z mistrzami, wyraża uniwersalność Świadomości Chrystusowej, która nie uznaje granic rasowych ani wyznaniowych.

Jak słońce, które wstaje na wschodzie i wędruje na zachód, roztaczając swój blask, tak Chrystus wzeszedł na Wschodzie i powędrował na Zachód, aby tam zapisać się w rozległym świecie chrześcijańskim, jako guru i zbawiciel swoich wyznawców. Nie jest przypadkiem, że Jezus postanowił narodzić się jako Chrystus Orientu w Palestynie. To miejsce było węzłem komunikacyjnym łączącym Wschód z Europą. Udał się On do Indii, aby uhonorować swoje więzi z ryszimi, wszędzie tam głosił swe przesłanie, a następnie wrócił, by szerzyć je w Palestynie. Kraj ten postrzegał On w swej wielkiej mądrości jako bramę, przez którą duch Jego i słowa przedostaną się do Europy i reszty świata. Ten wielki Chrystus, promieniujący duchową siłą i mocą Orientu na Zachód, jest boskim łącznikiem jednoczącym miłujące Boga narody Wschodu i Zachodu.

Ani Wschód, ani Zachód nie mają monopolu na prawdę. Czyste, srebrno-złote promienie słońca wydają się czerwone lub niebieskie, kiedy obserwuje się je przez czerwone lub niebieskie szkiełko. Podobnie prawda tylko wydaje się być różna, gdy zabarwia ją cywilizacja Wschodu lub Zachodu. Patrząc na prostą istotę prawdy głoszonej przez wielkie dusze różnych czasów i krajów, znajdujemy bardzo niewielkie różnice w ich przesłaniach. Stwierdzam, że nauki otrzymane od mojego Guru i czcigodnych mistrzów indyjskich są takie same jak nauki Jezusa Chrystusa.

Zagubione nauki ewangelii

Świat bardzo błędnie interpretuje nauki Chrystusa. Nawet te najbardziej podstawowe były profanowane, a ich ezoteryczna głębia została zapomniana. Ukrzyżowały je dogmaty, uprzedzenia i ciasnota umysłowa. W imię ustalonych przez człowieka i uznanych za autorytet doktryn chrześcijańskich prowadzono ludobójcze wojny i palono ludzi na stosach jako czarowników i heretyków. Jak uratować nieśmiertelne nauki z otchłani niewiedzy? Musimy poznać Jezusa jako Chrystusa Orientu, najwyższego jogina, który pokazał, że w pełni opanował uniwersalną naukę zjednoczenia się

Ewangelie gnostyckie: utracone chrześcijaństwo?

Dzięki niezwykłemu odkryciu w roku 1945 wczesnych chrześcijańskich tekstów gnostyckich w Nag Hammadi w Egipcie można zyskać wyobrażenie o tym, co zostało zagubione w konwencjonalnym chrześcijaństwie w procesie „westernizacji". Dr Elaine Pagels pisze w *The Gnostic Gospels* (Ewangelie gnostyckie), New York, Vintage Books, 1981:

„Teksty z Nag Hammadi, i inne im podobne, które były w obiegu w początkach ery chrześcijańskiej, zostały w połowie drugiego stulecia potępione jako heretyckie przez ortodoksyjnych chrześcijan [...]. Ale ci, którzy pisali i rozprowadzali te teksty, nie uważali *siebie* za «heretyków». W większości tych pism używa się terminologii chrześcijańskiej, wyraźnie związanej z dziedzictwem żydowskim. Wiele z nich utrzymuje, że podają one informacje o Jezusie, które są tajemne, ukryte przed «rzeszą» – przed tymi, którzy stanowią to, co w drugim wieku zaczęto nazywać «kościołem katolickim». Obecnie tych chrześcijan nazywa się gnostykami, od greckiego słowa *gnosis*, zwykle tłumaczonego jako «wiedza». Tych bowiem, którzy uważają, iż nic nie wiedzą o ostatecznej rzeczywistości, nazywa się agnostykami (dosłownie «nie-wiedzącymi»), zaś człowieka, który utrzymuje, iż zdecydowanie ją zna, nazywa się gnostykiem («wiedzącym»). Ale *gnosis* nie jest wiedzą racjonalną [...]. Zgodnie z tym jak używają tego terminu gnostycy, moglibyśmy przetłumaczyć to słowo jako «wgląd», ponieważ *gnosis* wiąże się z intuicyjnym poznawaniem siebie [...]. [Według nauczycieli gnostyckich] poznać siebie, na najgłębszym poziomie, to jednocześnie poznać Boga; to jest tajemnica *gnosis* [...].

«Żywy Jezus» z tych tekstów mówi o iluzji i oświeceniu, a nie o grzechu i pokucie, tak jak Jezus z Nowego Testamentu. Nie przychodzi On, aby nas zbawić od grzechu, lecz jako przewodnik, który otwiera drogę do duchowego zrozumienia [...].

Ortodoksyjni chrześcijanie wierzą, że Jezus jest Panem i Synem Bożym w szczególny sposób: pozostaje na zawsze różny od reszty ludzkości, którą przyszedł zbawić. A przecież gnostycka Ewangelia Tomasza relacjonuje, że jak tylko Tomasz rozpozna Jezusa, Jezus mówi do niego, że obaj otrzymali swój byt z tego samego źródła: «Nie jestem twoim panem. Ponieważ się napiłeś, upoił cię żywy strumień, który odmierzyłem [...]. Kto się napije z ust moich, stanie się jako ja: ja sam stanę się nim i rzeczy, które są ukryte, zostaną mu objawione».

Czyż taka nauka – tożsamość Boga i człowieka, zainteresowanie iluzją i oświeceniem, założyciel religii przedstawiony nie jako Pan, lecz przewodnik duchowy – nie wygląda na bardziej Wschodnią niż Zachodnią? [...] Może tradycja hinduska lub buddyjska wpłynęły na gnostycyzm? [...] Idee, które kojarzymy z religiami Wschodu, pojawiły się w pierwszym wieku na Zachodzie poprzez ruch gnostycki, ale zostały zduszone i potępione przez polemistów takich jak Ireneusz". *(Nota Wydawcy)* z Bogiem, i dlatego mógł przemawiać i działać jako zbawiciel z Jego autorytetem. Za bardzo bowiem uczyniono z Niego człowieka Zachodu. Jezus był człowiekiem Orientu z pochodzenia i wychowania. Oddzielanie nauczyciela od jego środowiska kulturowego sprawia, że nie do końca go rozumiemy. Bez względu na to, kim był Jezus Chrystus jako dusza, to z powodu tego, że urodził się i dorastał na Wschodzie, musiał, szerząc swoje przesłanie, korzystać ze środków wyrazu cywilizacji Orientu, jej zwyczajów, konwenansów, języka i przypowieści. Dlatego aby rozumieć Jezusa Chrystusa i Jego nauki, trzeba z życzliwością otworzyć się na wschodni sposób myślenia – w szczególności na zrozumienie starożytnej i współczesnej cywilizacji indyjskiej, pism religijnych, tradycji, filozofii, wierzeń duchowych i intuicyjnych doświadczeń metafizycznych. Chociaż, ezoterycznie rozumiane, nauki Jezusa są uniwersalne, to przesycone są esencją kultury Orientu – mają korzenie we wpływach orientalnych – tyle że zostały przystosowane do środowiska Zachodu.

Ewangelie można prawidłowo zrozumieć w świetle duchowych nauk indyjskich – mówię tu nie o zniekształconych interpretacjach hinduizmu, według których przeniknięty on jest kastowością i czci się w nim posągi, lecz o filozoficznej, zbawiającej duszę mądrości indyjskich ryszich: o istocie Wed, Upaniszad i *Bhagawadgity*. Ta istota Prawdy – *Sanathana Dharma*, czyli wieczne zasady prawości, które podtrzymują człowieka i wszechświat – przekazana została ludzkości tysiące lat przed epoką chrześcijańską i kultywowana jest w Indiach z duchową żarliwością, która sprawia, że poszukiwanie Boga jest najważniejszą sprawą w życiu, a nie kanapową rozrywką.

Religia jako uniwersalna nauka

Osobiste urzeczywistnienie prawdy jest nauką, która jest podstawą wszystkich innych nauk. Jednak dla większości ludzi religia ogranicza się jedynie do wiary. Jedni wyznają katolicyzm, inni są wyznania protestanckiego, a jeszcze inni twierdzą z przekonaniem, że religia żydowska, hinduska, islamska czy buddyjska jest prawdziwą religią. Naukowe zasady religii określają uniwersalne prawdy wspólne wszystkim – podstawy religii – i uczą, jak dzięki ich stosowaniu w praktyce ludzie mogą budować swoje życie zgodnie z Boskim Planem. Indyjska nauka *radźa-jogi*, „królewskiej" nauki o duszy, detronizuje ortodoksję religijną, ustanawiając systematyczną praktykę metod, które są powszechnie niezbędne do tego, aby każdy człowiek mógł się doskonalić, niezależnie od rasy czy wyznania.

❖ ❖ ❖

Zachodzi potrzeba połączenia naukowych podstaw religii z duchem, czyli inspiracją, jaką daje religia – wiedzy ezoterycznej z egzoteryczną. Nauka jogiczna, nauczana przez Pana Krysznę – podająca praktyczne metody rzeczywistego, wewnętrznego doświadczania Boga, które to doświadczenie powinno zastąpić nietrwałe wierzenia – oraz duch Chrystusowej miłości i braterstwa głoszony przez Jezusa, to jedyne prawdziwe panacea na sytuację, w której światu grozi rozpad z powodu zaciętych waśni religijnych. Stanowią one wspólnie jedną i tę samą uniwersalną prawdę, nauczaną przez tych dwóch Chrystusów ze Wschodu i Zachodu.

❖ ❖ ❖

Zbawiciele świata nie przychodzą po to, by wspierać szkodliwe podziały doktrynalne. Nie powinno się wykorzystywać ich nauk w tym celu. Jest nawet niejako błędem nazywać Nowy Testament Biblią „chrześcijańską", albowiem nie jest ona wyłączną własnością żadnej grupy religijnej. Prawda ma być błogosławieństwem i wsparciem duchowym dla całej ludzkości. Świadomość Chrystusowa jest powszechna, dlatego Jezus Chrystus należy do wszystkich.

Chociaż podkreślam przesłanie Pana Jezusa w Nowym Testamencie i jogiczną naukę zjednoczenia z Bogiem, podaną przez Bhagawana Krysznę w *Bhagawadgicie*, jako *summum bonum* drogi do urzeczywistnienia Boga w sobie, szanuję zarazem różnorodne przejawy prawdy płynącej z Jedynego Boga poprzez pisma święte Jego różnych wysłanników.

❖ ❖ ❖

Prawda, sama w sobie i z siebie, jest ostateczną „religią". Chociaż sekciarskie „-izmy" mogą wyrażać prawdę rozmaicie, to i tak jej nie wyczerpią. Ma ona bowiem nieskończoną ilość przejawień i konsekwencji, lecz może się spełnić wyłącznie poprzez bezpośrednie doświadczenie Boga, Jedynej Rzeczywistości.

Pieczęć przynależności do grupy religijnej niewiele znaczy. Zbawienia nie przynosi ani zarejestrowanie nazwiska w grupie wyznaniowej, ani kultura czy wiara, w której się urodziliśmy. Istota prawdy wykracza poza wszystkie formy zewnętrzne. To ona ma zasadnicze znaczenie dla zrozumienia Jezusa i Jego uniwersalnego wezwania, aby dusze wstępowały do królestwa Bożego, które jest „w was".

❖ ❖ ❖

Wszyscy jesteśmy dziećmi Boga, od początku naszego istnienia po wieczność. Nieporozumienia biorą się z uprzedzeń, a uprzedzenia są dziećmi niewiedzy. Nie powinniśmy dumnie określać się jako Amerykanie, Hindusi, Włosi, czy identyfikować się z jakąkolwiek inną narodowością, bo jest to cecha tylko akcydentalna. Przede wszystkim powinniśmy być dumni, że jesteśmy dziećmi Boga, stworzonymi na Jego podobieństwo. Czyż nie to jest przesłaniem Chrystusa?

Jezus Chrystus jest doskonałym wzorem do naśladowania zarówno dla Wschodu, jak i Zachodu. Boża pieczęć, „syn Boży", ukryta jest w każdej duszy. W ewangeliach Jezus głosił: „Jesteście bogami".

Zrzućcie maski! Pokażcie się otwarcie jako synowie Boży – nie poprzez czcze proklamacje ani wyuczone na pamięć modlitwy, fajerwerki intelektualnie wyrafinowanych kazań, wymyślanych po to, aby chwalić Boga i zyskać wyznawców, lecz poprzez uświadomienie sobie tego! Nie utożsamiajcie się z ciasnym dogmatyzmem, maskującym się jako mądrość, ale ze Świadomością Chrystusa. Utożsamiajcie się z Kosmiczną Miłością, wyrażającą się w służeniu wszystkim, i materialnie, i duchowo. Wtedy poznacie, kim był Jezus Chrystus, i będziecie mogli powiedzieć w głębi duszy, że wszyscy jesteśmy jedną rodziną, wszyscy jesteśmy dziećmi Jednego Boga!

– Podobają mi się pańskie nauki; ale czy jest pan chrześcijaninem? – pytający rozmawiał po raz pierwszy z Paramahansą Joganandą. Guru odparł:

– Czyż Chrystus nie powiedział: „Nie każdy, kto mówi do mnie, Panie, Panie, wejdzie do królestwa niebieskiego; lecz ten, kto czyni wolę Ojca mego, który jest w niebie"? W Biblii słowo poganin oznacza bałwochwalcę: tego, kogo uwaga skupiona jest nie na Panu, lecz na atrakcjach świata. Materialista może chodzić w niedzielę do kościoła, ale pozostaje poganinem. Chrześcijaninem jest ten, kto stale trzyma zapaloną lampkę pamięci o Ojcu Niebieskim i kto posłuszny jest nakazom Jezusa.
– I dodał: – To pan musi zdecydować, czy uważa mnie pan za chrześcijanina, czy nie

– Mądrości Paramahansy Joganandy

ROZDZIAŁ 3

Tajemne nauki Jezusa – jogina

Jak każda dusza może osiągnąć Świadomość Chrystusową

Znaczenie Pocieszyciela czyli Ducha Świętego

„Jeśli Mnie miłujecie, przykazania moje zachowujcie. A ja prosić będę Ojca, a innego Pocieszyciela da wam, aby z wami mieszkał na wieki, Ducha prawdy, którego świat przyjąć nie może; bo Go nie widzi, ani Go zna; lecz wy Go znacie, gdyż u was mieszka i w was będzie. Nie zostawię was sierotami, przyjdę do was. [...]

Lecz Pocieszyciel ten, Duch Święty, którego pośle Ojciec w imieniu Moim, On was nauczy wszystkiego, i przypomni wam wszystko, comkolwiek wam powiedział.

Pokój zostawiam wam, pokój mój daję wam; nie jako daje świat, ja wam daję; niechże się nie trwoży serce wasze, ani się lęka". (Jan 14:15-18, 26-27)

Powyższe pouczenie, którego Jezus udzielił swoim najbliższym uczniom, stosuje się do nas i dzisiaj. Jeśli wyznawca Go kocha (to znaczy kocha kontakt ze Świadomością Chrystusową w Nim), to musi wiernie przestrzegać przykazań – zasad dyscypliny ciała i umysłu oraz medytacji – które są konieczne, aby Świadomość Chrystusowa przejawiła się w jego własnej świadomości.

❖ ❖ ❖

Obietnicę Jezusa, że po Jego odejściu Ojciec pośle Ducha Świętego, w świecie chrześcijańskim zrozumieli nieliczni. Duch Święty jest świętą, niewidzialną mocą wibracyjną Boga, która aktywnie podtrzymuje wszechświat: Słowem, czyli *Aum*, Kosmiczną Wibracją, Wielkim Pocieszycielem, Zbawicielem od wszelkich smutków.

Słowo: Kosmiczna, Inteligentna Wibracja Boga

Naukowy opis ewolucji kosmicznego stworzenia od Stwórcy-Pana przedstawiony jest, w terminach tajemnych, w starotestamentowej Księdze Rodzaju. W Nowym Testamencie początkowe wersety *Ewangelii według świętego Jana* można słusznie nazwać „Księgą Rodzaju według świętego Jana". Obie te głębokie relacje biblijne, jeśli je jasno zrozumieć z pomocą intuicyjnego postrzegania, dokładnie odpowiadają duchowej kosmologii przedstawionej w świętych pismach indyjskich, którą przekazali znający Boga *ryszi* z okresu Złotego Wieku.

Święty Jan był prawdopodobnie największym spośród uczniów Jezusa. Podobnie jak nauczyciel szkolny ma wśród swych uczniów takiego, którego wyjątkowa zdolność pojmowania stawia go na pierwszym miejscu w klasie, a innych musi ocenić niżej, tak też uczniowie Jezusa różnili się zdolnością zrozumienia i przyswajania nauk Chrystusa-człowieka. Pisma pozostawione przez świętego Jana, znajdujące się w różnych księgach Nowego Testamentu, świadczą o tym, że osiągnął on najwyższy stopień urzeczywistnienia Boga; ujawniają głębokie ezoteryczne prawdy, których Jezus doświadczył i które przekazał Janowi. Nie tylko w swej Ewangelii, ale także w swoich listach, a zwłaszcza w głębokich doświadczeniach metafizycznych, opisanych symbolicznie w księdze Apokalipsy, św. Jan przedstawia prawdy nauczane przez Jezusa z perspektywy wewnętrznego, intuicyjnego poznania. W słowach Jana jest precyzja; dlatego z jego Ewangelią, choć jest ona ostatnią wśród czterech Ewangelii Nowego Testamentu, powinniśmy zapoznać się najpierw, jeśli poszukujemy prawdziwego znaczenia życia i nauk Jezusa.

❖ ❖ ❖

„*Na początku...*". Tymi słowami zaczyna się kosmogonia zarówno Nowego, jak i Starego Testamentu. „Początek" odnosi się do narodzin skończonego stworzenia, albowiem w Wiecznym Absolucie – Duchu – nie ma początku ani końca [...].

Duch, będąc jedyną istniejącą Substancją, nie miał nic oprócz siebie, z czego mógł stwarzać. Duch i Jego kosmiczne stworzenie nie mogły być zasadniczo różne, bo gdyby tak było, to każda z dwóch wiecznie istniejących Nieskończonych Sił byłaby w konsekwencji absolutna, co jest niemożliwe z definicji. Uporządkowane stworzenie wymaga dwoistości Stwórcy i stworzonego. Dlatego Duch najpierw stworzył Magiczną Iluzję, Maję, kosmicznego Magicznego Mierniczego [1], który sprawia, że część Niepodzielnej Nieskończoności wydaje się być podzielona na oddzielne, skończone przedmioty, tak samo jak spokojny ocean wydaje się dzielić w czasie sztormu na samodzielne fale, tworzące się na jego powierzchni.

Całe stworzenie to wyłącznie Duch, pozornie i tymczasowo zróżnicowany przez twórcze, wibracyjne działanie Ducha.

❖ ❖ ❖

[1] Sanskryckie słowo *maja* (kosmiczna iluzja) znaczy „mierniczy". Jest to magiczna moc w stworzeniu, z powodu której w Niezmierzalnym i Nierozdzielnym pozornie obecne są ograniczenia i podziały.

„Słowo" w pierwotnym chrześcijaństwie

Chociaż oficjalna doktryna kościoła przez wieki interpretowała „Słowo" (*Logos* w oryginale greckim) jako odnoszące się do samego Jezusa, nie było to rozumienie pierwotnie zamierzone przez świętego Jana w cytowanym powyżej fragmencie. Według uczonych pojęcie to można najlepiej zrozumieć nie poprzez egzegezę znacznie późniejszej ortodoksji kościelnej, lecz w kontekście pism religijnych i nauk filozofów żydowskich współczesnych Janowi – na przykład *Księgi Przysłów* (którą Jan i każdy inny Żyd z tamtych czasów z pewnością znał). Karen Armstrong w *A History of God: The 4000 Year Quest of Judaism, Christianity and Islam* (Historia Boga: 4000 lat poszukiwań przez judaizm, chrześcijaństwo i islam), Nowy Jork: Alfred A. Knopf, 1993, pisze:

„Autor *Księgi Przysłów*, który pisał w trzecim wieku przed Chrystusem [...] personifikuje Mądrość, tak że wydaje się ona oddzielną osobą: «Pan mnie [Mądrość] miał przy początku drogi swej, przed sprawami swymi, przed wszystkimi czasy. Przed wiekami jestem zrządzona, przed początkiem; pierwej niż była ziemia [...]; gdy rozmierzał grunty ziemi, wtedy byłam u Niego jako wychowanica i byłam uciechą Jego na każdy dzień, grając przed Nim na każdy czas. Gram na okręgu ziemi Jego, a rozkosz moja, mieszkać z synami ludzkimi» (*Księga Przysłów* 8:22-23, 30-31).

W przekładach Biblii hebrajskiej na język aramejski, znanych jako *targumy*, których dokonywano w owym czasie (tzn. gdy spisywano *Ewangelię według świętego Jana*), użyto terminu *memra* (słowo), aby opisać działanie Boga w świecie.

Na początku było Słowo, a Słowo było u Boga, a Bogiem było Słowo. To było na początku u Boga. Wszystkie rzeczy przez Nie się stały, a bez Niego nic się nie stało, co się stało. W Nim był żywot, a żywot był oną światłością ludzką.
(Jan 1:1-4)

„Słowo" oznacza inteligentną wibrację, inteligentną energię, rozchodzącą się z Boga. Każde słowo, na przykład „kwiat", wymówione przez istotę inteligentną, składa się energii, czyli wibracji dźwięku, oraz z myśli, która nasyca tę wibrację inteligentnym znaczeniem. Podobnie, Słowo będące początkiem i źródłem wszystkich stworzonych substancji jest Kosmiczną Wibracją [Duchem Świętym] nasyconą Kosmiczną Inteligencją [Świadomością Chrystusową].

Materia myśli, energia, z której składa się materia, sama materia – wszystkie rzeczy – to tylko różnie wibrujące myśli Ducha.

Termin ten pełni taką samą funkcję jak inne techniczne terminy, takie jak «chwała», «Duch Święty» i «Szekina», które podkreślały różnicę między obecnością Boga w świecie a niepojętą rzeczywistością samego Boga. Podobnie jak «boska Mądrość», «Słowo» symbolizowało pierwotny Boski plan stworzenia".

Pisma wczesnych Ojców Kościoła również wskazują na to, że w takim znaczeniu używał go Jan. W książce *Clement of Alexandria* (Klemens z Aleksandrii), Edynburg: William Blackwood and Sons, 1914, John Patrick stwierdza: „Klemens wielokrotnie utożsamia Słowo z Mądrością Bożą". Także dr Anne Pasquier, profesor teologii w Universite Laval, Quebec, pisze w *The Nag Hammadi Library After Fifty Years* (Biblioteka z Nag Hammadi po pięćdziesięciu latach), red. John D. Turner i Anne McGuire, Nowy Jork, Brill, 1997: „Filon, Klemens z Aleksandrii i Orygenes [...] łączą Logos ze Słowem Bożym w starotestamentowych opisach stworzenia, kiedy «Bóg przemówił i stało się». Podobnie czynią Walentynianie [...]. Według Walentynian *Prolog* do *Ewangelii według świętego Jana* przedstawia genezę duchową, wzorzec dla genezy materialnej; rozumieją go oni jako duchową interpretację starotestamentowych opisów stworzenia".

Jednakże, „Słowo" (jak również „Syn jednorodzony") zaczęły oznaczać *osobę* Jezusa dopiero w procesie stopniowej ewolucji doktryny, co było spowodowane złożonymi wpływami teologicznymi i politycznymi. Dopiero w IV wieku, jak pisze historyczka Karen Armstrong w *A History of God* (Historia Boga), kościół „przyjął wyłączną koncepcję prawdy religijnej: Jezus był pierwszym i ostatnim Słowem Boga dla rasy ludzkiej". *(Nota Wydawcy)*

❖ ❖ ❖

Przed stworzeniem jest tylko niezróżnicowany Duch. W procesie przejawiania stworzenia Duch staje się Bogiem Ojcem, Synem i Duchem Świętym [...].

Nieprzejawiony Duch stał się Bogiem Ojcem, Stwórcą wszelkiej twórczej wibracji. W pismach hinduskich Bóg Ojciec nazywa się Iśwarą (Kosmicznym Zarządcą) lub Sat (najwyższą czystą esencją Świadomości Kosmicznej) – Transcendentalną Inteligencją. Czyli, Bóg Ojciec istnieje transcendentnie, nietknięty drganiem wibracyjnego stworzenia – świadoma, oddzielna Kosmiczna Świadomość.

Siła wibracyjna emanująca z Ducha, obdarzona iluzoryczną twórczą mocą *maji*, to Duch Święty: Kosmiczna Wibracja, Słowo, *Aum (Om)* lub Amen.

❖ ❖ ❖

Słowo, twórcza energia i dźwięk Kosmicznej Wibracji, jak fale dźwiękowe powstałe przy niewyobrażalnie potężnym trzęsieniu ziemi, wypłynęły ze Stwórcy, aby przejawić wszechświat. Ta Kosmiczna Wibracja, przepojona Kosmiczną Inteligencją, zagęściła się w subtelne elementy – promieniowanie termiczne, elektryczne, magnetyczne i wszelkie inne, a następnie w atomy pary (gazów), płynów i ciał stałych.

❖ ❖ ❖

Kosmiczna wibracja, wszechobecnie aktywna w przestrzeni, nie mogła sama z siebie stworzyć ani podtrzymać niezwykle złożonego kosmosu [...]. [Dlatego] transcendentna świadomość Boga Ojca przejawiła się w wibracji Ducha Świętego jako Syn – Świadomość Chrystusowa, Inteligencja Boga w całym wibracyjnym stworzeniu. To czyste odbicie Boga w Duchu Świętym pośrednio kieruje nim, aby stwarzać, odtwarzać, zachowywać i kształtować stworzenie według Bożego planu.

❖ ❖ ❖

Pisarze biblijni, nieznający terminologii wyrażającej wiedzę naszej współczesnej epoki, całkiem trafnie użyli terminów „Duch Święty" i „Słowo" do określenia charakteru Inteligentnej Kosmicznej Wibracji. „Słowo" sugeruje wibrujący dźwięk, mający moc materializowania się. „Duch" oznacza inteligentną, niewidzialną, świadomą siłę. „Święty" opisuje tę Wibrację, albowiem jest ona przejawieniem się Ducha; także, ponieważ stwarza wszechświat zgodnie z doskonałym wzorcem Boga.

W pismach hinduskich określenie „Ducha Świętego" jako *Aum* oznacza jego rolę w twórczym planie Boga: *a* oznacza *akarę*, czyli stwórczą wibrację; *u – ukarę*, wibrację podtrzymującą, *m – makarę*, wibracyjną moc rozpuszczania. Szalejący na morzu sztorm tworzy fale, duże i małe, które utrzymują się przez jakiś czas, a potem znikają kiedy sztorm wycofuje się. Podobnie *Aum*, czyli Duch Święty, stwarza wszystkie rzeczy, utrzymuje je w nieprzeliczonej ilości form i ostatecznie rozpuszcza je w oceanie-łonie Boga, aby je znowu na nowo stworzyć – jest to ciągły proces odnowy życia i form w nieustającym kosmicznym śnie Boga.

Tak więc Słowo czyli Kosmiczna Wibracja jest początkiem „wszystkich rzeczy": „bez niego nic się nie stało, co się stało". Słowo istniało od samego początku stworzenia – było to pierwsze przejawienie się Boga w stwarzanym przez Niego wszechświecie. Wyrażenie: „Słowo było u Boga" oznacza, że przepojone było Ono odbiciem Inteligencji Boga, Świadomością Chrystusową, a „Bogiem było Słowo" – że było Ono wibracjami Jego własnego jedynego Bytu.

Deklaracja świętego Jana odzwierciedla wieczną prawdę rozbrzmiewającą w różnych ustępach starożytnych Wed: że wibrujące kosmiczne Słowo (Wak) było u Boga-Ojca Stwórcy (Pradżapatiego) na początku stworzenia, kiedy nic innego jeszcze nie istniało; i że mocą Wak uczynione zostały wszystkie rzeczy; i że samo Wak jest Brahmanem (Bogiem).

„To mówi Amen [Słowo, *Aum*], świadek on wierny i prawdziwy, początek stworzenia Bożego"[2]. Święty kosmiczny dźwięk *Aum* lub Amen jest świadkiem przejawionej Bożej Obecności w całym stworzeniu.

---

[2] Apokalipsa 3:14. Wedyjskie *Aum* stało się świętym słowem *Hum* u Tybetańczyków, *Amin* u muzułmanów, *Amen* u Egipcjan, Greków, Rzymian, Żydów i chrześcijan. Po hebrajsku *Amen* znaczy „pewny, wierny".

Ojciec, Syn i Duch Święty według jogi

Trójca Święta chrześcijaństwa – Ojciec, Syn i Duch Święty – jeśli przyjąć zwykłą koncepcję inkarnacji Jezusa, jest całkowicie niewytłumaczalna bez odróżnienia fizycznej osoby Jezusa od Jezusa jako narzędzia, w którym przejawił się Syn Jednorodzony, Świadomość Chrystusowa. Sam Jezus czyni takie rozróżnienie, mówiąc o swoim ciele jako o „synu człowieczym" i o swej duszy, nieograniczonej ciałem, lecz stanowiącej jedno z Jednorodzoną Świadomością Chrystusową obecną w najdrobniejszych wibracjach, jako o „Synu Bożym".

„Bóg tak umiłował świat, że oddał swego jednorodzonego Syna", aby go odkupić; to znaczy, Bóg Ojciec pozostał ukryty poza sferą wibracji wypływających z Jego Istoty, lecz zarazem skrył siebie jako Inteligencję Chrystusową w całej materii i wszystkich żywych istotach, aby sprowadzić całe stworzenie, poprzez piękne przywabianie go w procesie ewolucji z powrotem do swego domu Wiecznej Szczęśliwości. Bez tej obecności Bożej wszechobecnie przepajającej stworzenie, człowiek zaprawdę czułby się pozbawiony Boskiej pomocy; jakże słodko, czasami prawie niezauważalnie przychodzi mu ona na ratunek, gdy błagając o nią rzuca się na kolana. Jego Stwórca i Najwyższy Dobroczyńca nigdy nie jest dalej niż o jedną, pełną oddania myśl.

Święty Jan powiedział: „Wszystkim, którzy Go przyjęli, dał moc stania się synami Bożymi". Liczba mnoga w wyrażeniu „synami Bożymi" pokazuje wyraźnie, jak wiemy z nauk, które Jan otrzymał od Jezusa, że nie ciało Jezusa, lecz Jego stan Świadomości Chrystusowej był Synem Jednorodzonym; i że wszyscy ci, którzy potrafią oczyścić swą świadomość i przyjąć, czyli bez przeszkód odzwierciedlić moc Bożą, mogą stać się synami Bożymi. Mogą być jednością z jednorodzonym odbiciem Boga w całej materii, tak jak Jezus; i poprzez Syna, Świadomość Chrystusową, wznieść się do Ojca, najwyższej Świadomości Kosmicznej.

❖ ❖ ❖

Bezcennym darem Indii dla świata, odkrytym w starożytności przez *ryszich*, jest naukowa religia – joga, „zjednoczenie z Bogiem" – dzięki której można poznać Boga nie jako koncepcję teologiczną, lecz w rzeczywistym osobistym doświadczeniu. Spośród całej wiedzy naukowej jogiczna nauka

Wibracyjna natura stworzenia

Ostatnie postępy w tym, co fizycy teoretyczni nazywają „teorią superstrun", prowadzą naukę ku zrozumieniu wibracyjnej natury stworzenia. Dr Brian Greene, profesor fizyki z uniwersytetów Cornell i Columbia, pisze w *The Elegant Universe: Superstrings, Hidden Dimensions, and The Quest for the Ultimate Theory*, Nowy Jork, Vintage Books, 2000 (*Piękno wszechświata. Superstruny, ukryte wymiary i poszukiwanie teorii ostatecznej*, Prószyński i S-ka, 2001):

„Podczas ostatnich lat swego życia Albert Einstein poszukiwał niestrudzenie tak zwanej jednolitej teorii pola – teorii zdolnej stworzyć jeden, wszechobejmujący, spójny model opisujący siły przyrody [...]. Obecnie, u progu nowego tysiąclecia, orędownicy teorii strun twierdzą, że nici tej nieuchwytnej jednolitej tkaniny zostały w końcu odkryte [...].

Teoria ta sugeruje, że mikroskopijny pejzaż wypełniony jest maleńkimi strunami, których wzory wibracyjne organizują ewolucję wszechświata". Dalej profesor Greene mówi nam, że „długość typowej pętli struny jest [...] około sto miliardów miliardów (10^{20}) mniejsza od jądra atomowego".

Profesor Greene wyjaśnia, że przed końcem dwudziestego wieku nauka stwierdziła, że wszechświat fizyczny składa się z bardzo niewielu cząstek elementarnych, a mianowicie z elektronów, kwarków (z których składają się protony i neutrony) i neutrin. Pisze on: „Chociaż każdą cząstkę uważano za elementarną, sądzono, że «substancja», z której jest zbudowana, nie jest jedna i ta sama. «Substancja» elektronu, na przykład, miała ujemny ładunek elektryczny, a «substancja» neutrina nie miała ładunku. Teoria strun radykalnie zmienia ten obraz; według niej «substancja» całej materii i wszystkich sił jest *jedna i ta sama*".

W *The Fabric of the Cosmos: Space, Time and Texture of Reality*, Nowy Jork, Alfred A. Knopf, 2004 (*Struktura kosmosu. Przestrzeń, czas i struktura rzeczywistości*, Prószyński i S-ka, 2005), Green pisze: „Zgodnie z teorią strun jest *tylko jeden* podstawowy składnik". Wyjaśnia on, że „tak jak struna skrzypiec może wibrować tworząc różne wzory, z których każdy wytwarza inny ton muzyczny, tak i w teorii superstrun włókna wibrujących strun również mogą układać się w różne wzory [...]. Maleńka struna wibrująca według jednego wzoru miałaby masę i ładunek elektryczny elektronu; według teorii taka wibrująca struna byłaby tym, co tradycyjnie nazywamy elektronem. Maleńka struna wibrująca według innego wzoru miałaby właściwości pozwalające zidentyfikować ją jako kwark, neutrino czy każdą inną cząstkę [...]. Każda cząstka powstaje z innego wzorca wibracyjnego tworzonego przez to samo podstawowe źródło. [...] Na ultramikroskopijnym poziomie wszechświat przypominałby symfonię na skrzypce, stwarzającą materię wibracjami strun". *(Nota Wydawcy)* urzeczywistnienia Boga w sobie ma dla człowieka najwyższą wartość, ponieważ niszczy podstawową przyczynę wszystkich ludzkich bolączek: niewiedzę, przesłaniającą prawdę zasłonę ułudy. Człowiek, który mocno się ugruntował w poznaniu Boga, przekracza iluzję i jego zwykła świadomość śmiertelnika osiąga status, jaki ma Chrystus.

Przyjmowanie Świadomości Chrystusowej poprzez komunię z Duchem Świętym w medytacji

Lecz którzykolwiek Go przyjęli, dał im tę moc, aby się stali synami Bożymi, to jest tymi, którzy wierzą w imię Jego. Którzy nie z krwi, ani z woli ciała, ani z woli męża, ale z Boga narodzeni są. (Jan 1:12-13)

Światło Boga świeci tak samo we wszystkich, ale z powodu omamienia niewiedzą nie wszyscy je tak samo przyjmują, odzwierciedlają. Światło słońca pada tak samo na bryłę węgla i na diament, lecz tylko diament przyjmuje je i odbija, jaśniejąc wspaniałym blaskiem. Pierwiastek węgla w węglu może stać się diamentem. Potrzeba tylko wysokiego ciśnienia, aby się przemienił. Dlatego mówi się tutaj, że każdy może być jak Chrystus – każdy, kto oczyści swą świadomość poprzez moralne i duchowe życie, a zwłaszcza poprzez oczyszczające działanie medytacji, w której pierwotna śmiertelność człowieka przemienia się w nieśmiertelność doskonałej duszy.

Synostwo Boże nie jest czymś, co musimy zdobyć: musimy raczej tylko przyjąć światło Boga i uświadomić sobie, że On już, w momencie naszego powstania, nadał nam ten święty status.

„Tym, którzy wierzą w imię Jego": Kiedy samo tylko Imię Boga wzbudza oddanie człowieka i osadza jego myśli w Nim, staje się ono bramą do zbawienia. Kiedy samo tylko wzmiankowanie Jego imienia rozpłomienia duszę miłością do Niego, otwiera to wielbicielowi drodzę do wyzwolenia.

Głębsze znaczenie „imienia" odnosi się do Kosmicznej Wibracji (Słowa, *Aum*, Amen). Bóg jako Duch nie ma ograniczającego Go imienia. Nazywanie Absolutu Bogiem, Jahwe, Brahmanem lub Allahem nie wyraża Go. Bóg Stwórca i Ojciec wszystkiego wibruje w przyrodzie jako wieczne życie i życie to rozbrzmiewa wielkim Amen czy *Aum*. To imię najdokładniej określa Boga. Ludzie, „którzy wierzą w imię Jego" to ci, którzy obcują z dźwiękiem *Aum*, głosem Boga w wibracji Ducha Świętego. Gdy ktoś słyszy owo imię Boże, Kosmiczną Wibrację, to jest na drodze do stania się synem Bożym, bowiem poprzez ten dźwięk jego świadomość wchodzi w kontakt z immanentną Świadomością Chrystusową, a to pozwoli mu postrzec Boga jako Świadomość Kosmiczną.

Mędrzec Patańdźali, największy indyjski orędownik jogi, opisuje Boga jako Iśwarę, Pana lub Władcę Kosmosu. „Jego symbolem jest *Pranava* (Święte Słowo lub Dźwięk, *Aum*). Dzięki modlitewnemu, śpiewnemu powtarzaniu słowa *Aum* i medytowaniu nad jego znaczeniem znikają przeszkody i świadomość kieruje się do wewnątrz (przestaje utożsamiać się z zewnętrznymi zmysłami)" (*Jogasutry* I:27–29).[3]

❖ ❖ ❖

Pierwsi synowie Boży, czyste odbicia Ojca nieskażone ułudą, stali się synami człowieczymi z powodu utożsamienia się z ciałem i zapomnienia o swoim źródle w Duchu. Omamiony człowiek jest tylko żebrakiem na drodze czasu. Ale tak jak Jezus dzięki swej oczyszczonej świadomości otrzymał i odzwierciedlał boskie synostwo Świadomości Chrystusowej, tak też każdy człowiek dzięki medytacji jogicznej może oczyścić swój umysł i stać się psychicznie jak diament, który będzie otrzymywał i odbijał światło Boga.

❖ ❖ ❖

Metoda łączenia się z Kosmiczną Wibracją, Duchem Świętym, po raz pierwszy rozprzestrzeniła się na cały świat dzięki określonym technikom medytacyjnym nauki *krija-jogi*. Dzięki błogosławieństwu komunii z Duchem Świętym filiżanka ludzkiej świadomości powiększa się tak, że może pomieścić Świadomość Chrystusową. Adept nauki *krija-jogi*, który świadomie przeżywa obecność Ducha Świętego i stapia się z Synem, czyli z immanentną Świadomością Chrystusową, osiąga tym samym urzeczywistnienie Boga Ojca i wstępuje do nieskończonego królestwa Bożego.

---

[3] Okres życia Patańdżalego jest nieznany, chociaż wielu uczonych uważa, że żył w II wieku p.n.e. Jego słynne *Jogasutry* przedstawiają, w formie zwięzłych aforyzmów, istotę przeogromnej i nadzwyczaj złożonej nauki osiągania jedności z Bogiem – opisując metody jednoczenia się duszy z niezróżnicowanym Duchem w tak piękny, przejrzysty i lapidarny sposób, że uczeni od pokoleń uznają *Jogasutry* za najważniejsze starożytne dzieło o jodze.

Chrzest Duchem Świętym

Najwyższy chrzest, uznany przez Jana Chrzciciela i wszystkich urzeczywistnionych mistrzów, to chrzest „Duchem Świętym i ogniem" – to znaczy człowiek zostaje przeniknięty obecnością Boga w świętej Twórczej Wibracji, której wszechobecna wszechwiedza nie tylko podnosi i powiększa świadomość, lecz której ogień kosmicznej energii życiowej rzeczywiście wypala grzechy obecnych złych nawyków i skutki karmiczne przeszłych błędnych czynów.

Podnoszące na duchu wibracje „Pocieszyciela" przynoszą głęboki wewnętrzny spokój i radość. Twórcza Wibracja odnawia siłę życiową w ciele, co sprzyja zdrowiu i dobremu samopoczuciu. Jako moc uzdrawiającą można ją także świadomie kierować do osób potrzebujących boskiej pomocy. Będąc źródłem inteligentnej twórczości, wibracja *Aum* pobudza inicjatywę, pomysłowość i wolę.

Kiedy łączysz się z Bogiem [...] w medytacji, spełniają się wszystkie pragnienia serca; nie ma bowiem niczego bardziej wartościowego, przyjemniejszego ani atrakcyjniejszego od przynoszącej pełne zadowolenie, wciąż nowej radości Bożej [...]. Ten, kogo świadomość zanurzona jest w Duchu Świętym, uwalnia się od osobistych pragnień i traci przywiązanie do przedmiotów, a zarazem cieszy się wszystkim, odczuwając radość Bożą w sobie.

[Ekstatyczne przeżycie Paramahansy Joganandy w komunii z Kosmiczną Wibracją Aum Ducha Świętego:]
„Kiedy przyjemności, jakie dają doznania zmysłowe, wibrują w ciele, odczuwam ociężałość; ogromny ciężar przygniata mi duszę i czuję, jak ściąga mnie w dół materia. Lecz, o uwznioślające *Aum*, kiedy Ty rzeczywiście wibrujesz we mnie, ach, jakąż ekstatyczną czuję radość i lekkość! Szybuję ponad ciałem. Przyciąga mnie Duch. O wielkie *Aum*, falujący oceanie *Aum*, wibruj długo we mnie, abym mógł pozostać świadom Twej nieskończonej obecności i utożsamić się z Kosmicznym Duchem. Ach, oto Głos Nieba. To głos Ducha. *Aum*, Tyś jest źródłem wszelkiego życia, wszystkich przejawów stworzenia we wszechświecie. Pozwól zatem, abym czuł, jak Ty, o wielka Wibracjo Matki, pulsujesz we mnie jako cząstka Twej Kosmicznej Jaźni. Przyjmij mnie, uczyń mnie jednym z Tobą. Nigdy mnie nie opuszczaj, zawsze faluj we mnie jak potężny duchowy ocean, przyzywając mnie i objawiając Twą niezmierzoną obecność. O Potężna Wibracjo, o Potężna Prawdo, która przenikasz każdy atom mego ciała, oby wieczny spokój i harmonia, wieczna szczęśliwość i mądrość spływały na mnie wraz z Twą obecnością, Twym kosmicznym dźwiękiem! Ach, pragnę porzucić te błahe radości, te błahe toniki zmysłowych wibracji! Otul mnie Twą wibracją i unieś z Sobą na falach Twego dudniącego dźwięku. Pozwól mi się uwolnić z niewoli ciała; pozwól mi płynąć na falach Twych nieskończonych wibracji wszechwiedzącej radości, o wielkie *Aum*. Bądź ze mną, posiądź mnie, uczyń mnie wolnym w Tobie".

Chrystus będzie w ten sposób przychodził po raz drugi do świadomości każdego oddanego adepta, który opanuje technikę łączenia się z Duchem Świętym, obdarzającym nieopisanie błogą pociechą w Duchu.

Nauka jogi o kręgosłupie: „Prostujcie drogę Pańską"

W wersetach biblijnych, w których Jan Chrzciciel opisuje siebie, znajduje się piękne wyjaśnienie drogi do Ducha Świętego:

Jam głos wołającego na pustyni: Prostujcie drogę Pańską, jak powiedział prorok Izajasz (Jan 1:23).

Gdy zmysły skierowane są na zewnątrz, człowieka pochłania ruchliwe targowisko złożonych interakcji zachodzących w materii stworzenia. Nawet gdy modląc się, bądź koncentrując myśli, zamykamy oczy, nadal pozostajemy w sferze aktywności. Prawdziwa pustynia, w którą nie wdzierają się doczesne myśli, niepokój ani ludzkie pragnienia, pojawia się po przekroczeniu zmysłowego, podświadomego i nadświadomego umysłu – w kosmicznej świadomości Ducha, na niestworzonej, bezdrożnej „pustyni" Nieskończonej Szczęśliwości.

❖ ❖ ❖

Gdy Jan słuchał w sobie, na pustyni ciszy, wszechwiedzącego Kosmicznego Dźwięku, intuicyjna mądrość nakazała mu bezgłośnie: „Prostujcie drogę Pańską". Przejawiajmy Pana w sobie, subiektywną Świadomość Chrystusową obecną w całym kosmicznym, wibracyjnym stworzeniu, poprzez intuicyjne uczucie, które budzi się, gdy w stanie transcendentnej ekstazy otwierają się boskie, subtelne ośrodki życia i świadomości na prostej drodze rdzenia kręgowego.

❖ ❖ ❖

Ciało ludzkie, wyjątkowe wśród ciał wszystkich stworzeń, ma w sobie mózgowo-rdzeniowe duchowe ośrodki boskiej świadomości, będące świątyniami Ducha, który w nie zstąpił. Znane są one joginom i wiedział też o nich święty Jan, który je opisał w *Objawieniu* jako siedem pieczęci oraz jako siedem gwiazd i kościołów z siedmioma aniołami i siedmioma złotymi świecznikami.

❖ ❖ ❖

Traktaty jogiczne objaśniają, że obudzenie ośrodków rdzeniowych to nie jakaś mistyczna anormalność, lecz zupełnie naturalne zjawisko, występujące u wszystkich wielbicieli, którzy znajdują drogę do obecności Bożej. Zasady jogi nie znają sztucznych granic religijnych -izmów. Joga to uniwersalna nauka boskiego zjednoczenia duszy z Duchem, człowieka ze Stwórcą.

Joga opisuje określoną drogę, którą Duch zstępuje ze Świadomości Kosmicznej w materię i przejawia się we wszystkich indywidualnych istotach;

Joga a Apokalipsa świętego Jana

„Napisz więc to, co widziałeś, i to, co jest, i to, co potem musi się stać. Co do tajemnicy siedmiu gwiazd, które ujrzałeś w mojej prawej ręce, i co do siedmiu złotych świeczników: siedem gwiazd – to są Aniołowie siedmiu Kościołów, a siedem świeczników – to jest siedem Kościołów". (Ap. 1:19-20)

„I widziałem po prawej ręce siedzącego na stolicy księgi napisane, wewnątrz i zewnątrz zapieczętowane siedmioma pieczęciami. I widziałem Anioła mocnego, wołającego głosem wielkim: Kto jest godzien otworzyć te księgi i odpieczętować pieczęci ich?" (Ap. 5:1-2)

Traktaty jogiczne opisują te ośrodki (licząc od dołu kręgosłupa) następująco:

1. *muladhara* (przy kości ogonowej, u podstawy kręgosłupa);
2. *swadhisthana* (przy kości krzyżowej, około pięć cm ponad *muladharą*);
3. *manipura* (przy kręgach lędźwiowych, naprzeciw pępka);
4. *anahata* (przy kręgach piersiowych, naprzeciw serca);
5. *wiśuddha* (przy kręgach szyjnych u podstawy szyi);
6. *adźnia* (siedziba duchowego oka, tradycyjnie umieszczana między brwiami, bezpośrednio połączona poprzez polarity z medulla oblongata);
7. *sahasrara* („tysiącpłatkowy lotos" w najwyższej części mózgu).

Te siedem ośrodków to zaplanowane przez Boga bramy lub „klapy", przez które dusza zstąpiła w ciało i przez które musi się wznieść z powrotem w procesie medytacji. Dusza wznosi się do Świadomości Kosmicznej po siedmiu kolejnych szczeblach. Traktaty jogiczne nazywają na ogół sześć niższych ośrodków *czakrami* (kołami), ponieważ skoncentrowana w każdym z nich energia przypomina piastę, z której rozchodzą się promienie życiodajnego światła i energii; natomiast siódmy ośrodek, *sahasrarę*, traktuje się oddzielnie. Wszystkie siedem ośrodków przedstawia się też często jako lotosy, których płatki rozchylają się, czyli otwierają w górę w procesie duchowego przebudzenia, gdy energia życiowa i świadomość wznoszą się w górę kręgosłupa.

i odwrotnie, jak zindywidualizowana świadomość ostatecznie musi ponownie wstąpić w Ducha.

Wiele jest dróg religijnych i sposobów zbliżania się do Boga, jednak w końcu wszystkie one prowadzą do jednej autostrady, którą dusza ostatecznie się wznosi i łączy z Nim. Droga wyzwolenia duszy z więzów śmiertelnej świadomości ciała jest taką samą drogą dla wszystkich: tą samą „prostą" autostradą kręgosłupa, którą dusza zstąpiła z Ducha w ciało i materię.[4]

Prawdziwą naturą człowieka jest dusza, promień Ducha. Tak jak Bóg jest zawsze istniejącą, zawsze świadomą, wciąż nową Szczęśliwością, podobnie i dusza z powodu zamknięcia w ciele jest zindywidualizowaną, zawsze istniejącą, zawsze świadomą, wciąż nową Szczęśliwością.

Cielesne okrycie duszy jest trojakiej natury. Ciało fizyczne, które człowiek tak kocha i z którym tak uporczywie się utożsamia, to niewiele więcej niż nieożywiona materia, bryła ziemskich minerałów i związków chemicznych składających się z grubych atomów. Ciało fizyczne otrzymuje całą swą ożywiającą energię i siłę od promiennego astralnego ciała żywotronów. Z kolei ciało astralne funkcjonuje dzięki mocy czystej świadomości ciała przyczynowego, zawierającego wszystkie zasady ideacyjne, które budują i podtrzymują ciała astralne i fizyczne, będące narzędziami używanymi przez duszę do interakcji z Bożym stworzeniem.

Te trzy ciała są z sobą powiązane i działają jako jedno dzięki związaniu siły życiowej i świadomości w siedmiu duchowych ośrodkach mózgowordzeniowych: ciało fizyczne zasilane jest siłą życiową ciała astralnego i mocą świadomości płynącej z ciała przyczynowego. Jako mieszkaniec tego potrójnego ciała dusza przyjmuje ograniczenia wynikające z zamknięcia i staje się pseudoduszą, czyli ego.

Siła życiowa i świadomość, zstąpiwszy najpierw w ciało przyczynowe świadomości poprzez złożone z idei ośrodki kręgosłupa przyczynowego namagnetyzowanego mocą świadomości, a potem do cudownych świetlistych i potężnych ośrodków kręgosłupa ciała astralnego, zstępują następnie

---

[4] „I będzie tam droga i ścieżka, która drogą świętą słynąć będzie; nie pójdzie po niej nieczysty, [...] ale wybawieni po niej chodzić będą. Odkupieni, mówię, Pańscy nawrócą się, i przyjdą na Syjon z śpiewaniem, a wesele wieczne będzie na twarzach ich; radość i wesele otrzymają, a żałość i smutek ustąpi" (Izajasz 35:8-10).

w ciało fizyczne poprzez mózg i kręgosłup do układu nerwowego, narządów i zmysłów umożliwiających człowiekowi, poznawanie świata i interakcję ze środowiskiem materialnym.

Wypływ siły życiowej i świadomości poprzez kręgosłup i nerwy sprawia, że człowiek odbiera i ceni jedynie zjawiska zmysłowe. Jako że nośnikiem prądów życiowych i świadomości człowieka jest uwaga, u ludzi, którzy folgują zmysłom dotyku, smaku, słuchu i wzroku, siła życiowa i świadomość skupiają się na materii.

Kiedy jednak poprzez samoopanowanie w medytacji uwaga pozostaje stale skupiona na ośrodku boskiego postrzegania w punkcie między brwiami, siła życiowa i świadomość biegną w odwrotnym kierunku. Wycofawszy się ze zmysłów, odsłaniają one światło duchowego oka [...]. Przez to oko wszechobecności wierny wchodzi do królestwa boskiej świadomości.

Astralne ciało energii życiowej

Odkrycie przez naukę energii elektromagnetycznej, która jest matrycą organizującą ciało fizyczne, opisał lekarz Richard Gerber w *Vibrational Medicine* (Medycyna wibracyjna), Rochester, Vermont: Bear and Company, 2001:

„W latach czterdziestych ubiegłego wieku neurofizjolog Harold S. Burr z Uniwersytetu Yale badał kształt pól energetycznych, które nazwał «polami życia» lub «L-fields», otaczających rośliny i zwierzęta. Niektóre badania Burra dotyczyły pól elektrycznych otaczających salamandry. Odkrył on, że salamandry mają pole energetyczne kształtem przypominające w przybliżeniu ciało dorosłego osobnika. Odkrył także, że pole to ma oś elektryczną, która przebiega wzdłuż rdzenia kręgowego i mózgu salamandry. Burr chciał się dowiedzieć, kiedy dokładnie ta oś elektryczna pojawiła się w trakcie rozwoju zwierzęcia. Sporządził mapy pól w coraz to wcześniejszych stadiach rozwoju embrionalnego salamandry. Odkrył, że owa oś elektryczna była już w niezapłodnionym jaju [...]. Burr badał także pola elektryczne wokół maleńkich sadzonek. Badania te wykazały, że pole elektryczne wokół kiełka nie ma kształtu pierwotnego nasienia, lecz przypomina dorosłą roślinę".

Profesor Burr opisuje swoje badania w *Blueprint for Immortality: The Electric Patterns of Life* (Modele nieśmiertelności: elektryczne wzorce życia), Essex, Wielka Brytania, Saffron Walden, 1972: „Większość ludzi, którzy uczyli się fizyki w szkole, przypomni sobie, że opiłki żelazne rozrzucone na kartce papieru trzymanej nad

❖ ❖ ❖

Dzięki właściwej metodzie medytacji i oddaniu, z zamkniętymi oczyma i skoncentrowany na duchowym oku, wierny stuka do bram nieba. Gdy wzrok jest skupiony i nieruchomy, a oddech i umysł spokojne, na czole zaczyna tworzyć się światło. Ostatecznie, w stanie głębokiego skupienia, ukazuje się trójkolorowe światło trzeciego oka[5]. Samo widzenie trzeciego oka to za mało; trudniej jest wiernemu wejść w to światło. Jednak poprzez praktykowanie wyższych metod, takich jak *krija-joga*, świadomość wprowadzona zostaje do środka duchowego oka, w inny rozleglejszy świat.

[5] „Światłem ciała jest oko. Jeśli zatem oko twoje będzie jedno, całe ciało twoje będzie pełne światła" (Mt 6:22) – przekład dosłowny z Biblii króla Jakuba.

magnesem układają się we wzory «linii sił» pola magnesu. I że jeśli wyrzucić te opiłki i zastąpić je nowymi, to te nowe ułożą się w ten sam wzór co stare.

Coś takiego – choć o wiele bardziej skomplikowanego – wydarza się w ciele ludzkim. Cząsteczki i komórki ciała są stale rozbijane i niszczone, po czym odbudowywane z nowych substancji pochodzących ze zjadanego przez nas pożywienia. Jednak dzięki organizującemu działaniu pola życia nowe cząsteczki i komórki odbudowują się i układają w taki sam wzór jak stare.

Nowoczesne badania, w których stosuje się znakowanie elementów, wykazały, że składniki naszych ciał i mózgów odnawiają się o wiele częściej, niż poprzednio sądzono. Na przykład, całe białko w ciele wymienia się na nowe co pół roku, a w niektórych narządach, takich jak wątroba, jeszcze częściej. Gdy spotykamy znajomego, którego nie widzieliśmy od pół roku, to w jego twarzy nie ma ani jednej cząsteczki, która tam była, kiedy go ostatnio widzieliśmy. Jednak dzięki organizującemu działaniu pola życia nowe cząsteczki i komórki ułożyły się według dawnego, znajomego wzoru i możemy rozpoznać jego twarz. Zanim nowoczesne przyrządy wykazały istnienie organizujących pól życia, biolodzy nie potrafili wyjaśnić, w jaki sposób nasze ciała zachowują kształt pomimo nieustannej przemiany materii i zmian składników. Teraz zagadka została rozwiązana, pole elektrodynamiczne ciała służy jako matryca lub forma, zachowująca «kształt» czy też układ każdej substancji, jaką się w nią wlewa, niezależnie od tego, jak często substancja ta się zmienia". *(Nota Wydawcy)*

W złotej aureoli duchowego oka całe stworzenie postrzega się jako wibrujące światło Ducha Świętego. W niebieskim świetle Świadomości Chrystusowej mieszkają anioły i bóstwa reprezentujące zindywidualizowane Boże moce stwarzania, podtrzymywania i rozpuszczania – jak również najwyżsi święci. Przez białe światło duchowego oka wielbiciel wchodzi w Świadomość Kosmiczną; wznosi się do Boga Ojca.

Jogini indyjscy (ci, którzy szukają zjednoczenia z Bogiem, stosując formalne, naukowe metody jogi) przykładają ogromną wagę do tego, by podczas medytacji siedzieć z wyprostowanym kręgosłupem i koncentrować się na punkcie między brwiami. Zgięty kręgosłup podczas medytacji istotnie utrudnia zmianę kierunku przepływu prądów życiowych w górę do duchowego oka. Wykrzywiony kręgosłup sprawia, że kręgi są nierówno ustawione i uciskają nerwy, więżąc siłę życiową w jej zwykłym stanie świadomości ciała i niepokoju umysłu.

Izraelczycy oczekiwali przyjścia Chrystusa w ciele fizycznym, tak więc Jan Chrzciciel upewniał ich w tym, że wkrótce nadejdzie Ten, w którym przejawił się Chrystus; ale zarazem dawał im subtelnie do zrozumienia, że każdy, kto chce naprawdę poznać Chrystusa, musi Go przyjąć poprzez podnoszenie świadomości wzdłuż kręgosłupa w medytacji („droga Pańska").

Jan podkreślał, że oddawanie czci jedynie ciału Jezusa Chrystusa nie prowadzi do poznania Go. Świadomość Chrystusową ucieleśnioną w Jezusie można urzeczywistnić tylko poprzez obudzenie ośrodków astralnych w kręgosłupie, stopni na prostej drodze, po której wznosząc się można intuicyjnie postrzec metafizyczną Świadomość Chrystusową w ciele Jezusa.

Słowa proroka Izajasza, które powtarzał Jan Chrzciciel, świadczą o tym, że obaj wiedzieli, iż subiektywnego Pana Skończonego Wibracyjnego Stworzenia, czyli Świadomość Chrystusową, można przyjąć do własnej świadomości jedynie poprzez obudzenie w medytacji prostej arterii kręgosłupa.

Izajasz, Jan, jogini – wszyscy oni wiedzieli, że aby przyjąć Świadomość Chrystusową, potrzeba czegoś więcej niż tylko fizycznego kontaktu z człowiekiem miary Chrystusa. Trzeba wiedzieć, jak medytować – jak odłączyć uwagę od rozpraszających ją zmysłów i jak nieporuszenie utrzymywać świadomość na ołtarzu duchowego oka, gdzie można przyjąć Świadomość Chrystusową w całej jej chwale.[6]

❖ ❖ ❖

Każda prawdziwa religia prowadzi do Boga, ale niektóre drogi są dłuższe, a niektóre krótsze. Obojętnie jaką się wyznaje uznaną przez Boga religię, jej wierzenia połączą się w jedno i to samo, wspólne wszystkim doświadczenie Boga. Joga to jednocząca droga, którą idą wyznawcy wszystkich religii, gdy ostatecznie zbliżają się do Boga. Aby osiągnąć Boga, człowiek musi najpierw czuć „skruchę", która wycofuje świadomość ze złudnej materii i kieruje ją do wewnątrz, do królestwa Bożego w nim. Takie wycofanie sprawia, że siła życiowa i umysł wznoszą się przez uduchowiające ośrodki kręgosłupa i człowiek osiąga najwyższe stany boskiego poznania. Ostateczne zjednoczenie z Bogiem oraz stopnie tego zjednoczenia są uniwersalne. Tym właśnie jest joga, nauka u podstaw religii. Rozbieżne boczne ścieżki spotkają się na głównej drodze do Boga. Droga ta prowadzi w górę kręgosłupa – idąc nią wykracza się poza świadomość ciała i wchodzi do nieskończonego boskiego królestwa.

❖ ❖ ❖

Prawdy duchowej i mądrości nie znajduje się w słowach kapłana ani kaznodziei, lecz na „pustyni" wewnętrznej ciszy. W sanskryckich pismach świętych powiedziane jest: „Wielu jest mędrców podających, pozornie sprzeczne, interpretacje pism świętych i interpretacje duchowe; tymczasem prawdziwy sekret religii ukryty jest w jaskini". Prawdziwa religia znajduje się w nas, w jaskini ciszy, w jaskini spokojnej intuicyjnej

---

[6] Obojętnie jaka gwiazda niebieska prowadziła Trzech Mędrców do miejsca narodzin Jezusa, była to „gwiazda na wschodzie" większej mocy, dzięki której dowiedzieli się oni o przyjściu na świat Chrystusa Jezusa: wszystko ujawniające światło duchowego oka intuicyjnej boskiej percepcji, mieszczące się na „wschodzie" ciała – w subtelnym duchowym ośrodku Świadomości Chrystusowej na czole między dwoma fizycznymi oczyma.

mądrości, w jaskini duchowego oka. Koncentrując się na punkcie między brwiami i sięgając w głębiny cichego i świetlistego trzeciego oka można odnaleźć odpowiedzi na wszystkie religijne wątpliwości serca. „Lecz Pocieszyciel, Duch Święty, którego pośle Ojciec w imieniu moim, [...] nauczy was wszystkiego" (Jan 14:26).

Joga obdarza prawdziwym chrztem w Duchu

Drogę wniebowstąpienia pokazał chrzest Jezusa w Jordanie. W Ewangelii według świętego Mateusza powiedziane jest:

A Jezus ochrzczony będąc, wnet wystąpił z wody, a oto się mu otworzyły niebiosa, i widział Ducha Bożego, zstępującego jako gołębicę, i przychodzącego na niego; a oto głos z niebios mówiący: Ten jest on Syn mój miły, w którym znajduję upodobanie (Mt 3:16-17).

Gdy ktoś otrzymuje chrzest poprzez zanurzenie w świetle Ducha, może zobaczyć w ciele mikrokosmiczne duchowe oko. Jest to światło Ducha zstępującego jako Kosmiczna Trójca. W relacji ze chrztu Jezusa opisano to metaforycznie jako „Jezus [...] widział Ducha Bożego, zstępującego jako gołębicę, i przychodzącego na niego". Gołębica symbolizuje duchowe oko, widziane przez wielbicieli pogrążonych w głębokiej medytacji, koncentrujących się na ośrodku Świadomości Chrystusowej na czole miedzy dwojgiem fizycznych oczu.

To oko światła i świadomości wygląda jak opalizująca niebieska kula (Świadomość Chrystusowa) z pięcioramienną gwiazdą olśniewającego białego światła w środku (wejściem do Kosmicznej Świadomości Ducha), otoczona złotą aurą (Wibracją Ducha Świętego).

Potrójne światło Boga w duchowym oku symbolizuje gołębica, ponieważ przynosi ona trwały spokój. Także, wpatrywanie się w duchowe oko stwarza w świadomości człowieka czystość symbolizowaną przez gołębicę.

Dziób symbolicznej gołębicy reprezentuje gwiazdę w duchowym oku, tajemne przejście do Świadomości Kosmicznej. Dwa skrzydła gołębicy przedstawiają dwie kule świadomości emanujące ze Świadomości Kosmicznej: niebieskie światło duchowego oka to mikrokosmos subiektywnej Inteligencji Chrystusowej w całym stworzeniu, a pierścień złotego światła w duchowym oku to mikrokosmiczna obiektywna energia kosmiczna, Kosmiczna Wibracja lub Duch Święty.

❖ ❖ ❖

Podczas swego chrztu w Duchu w postaci Ducha Świętego Jezus widział światło duchowego oka spływające z makrokosmicznego Boskiego Światła; a z niego rozbrzmiewał dźwięk *Aum*, inteligentny, stwarzający wszystko, niebiański dźwięk, wibrujący jako zrozumiały głos:

„Tyś jest Mój Syn, któryś wyzwolił swą świadomość z ograniczeń ciała i całej materii, i poznał siebie jako jedno z Moim doskonałym odbiciem, Moim jednorodzonym obrazem, immanentnym w całym stworzeniu. Jestem Szczęśliwością, a radość Moją wyrażam w twojej radości wypływającej z zestrojenia się z Moją Wszechobecnością".

Jezus poczuł, jak Jego świadomość zestraja się ze Świadomością Chrystusową, „jednorodzonym" odzwierciedleniem Inteligencji Boga Ojca w Świętej Wibracji: najpierw poczuł swoje ciało jako całe wibracyjne stworzenie, w którym Jego małe ciało się zawierało, a potem w Swoim kosmicznym ciele całego stworzenia doświadczył jedności z przyrodzoną Obecnością Boga jako Nieskończony Chrystus czyli Kosmiczna Inteligencja, przyciągająca magnetycznie aura niebiańskiej Boskiej Miłości, jaką Boża Obecność otacza wszystkie istoty.

❖ ❖ ❖

W najgłębszej medytacji, uprawianej przez zaawansowanych w technice *krija-jogi*, wierny doświadcza nie tylko ekspansji w wibracji *Aum* – „Głosie z niebios", lecz także potrafi podążać za mikrokosmicznym światłem Ducha „prostą drogą" wzdłuż kręgosłupa do światła duchowego oka – „gołębicy zstępującej z nieba". [...]

Dwojgiem fizycznych oczu człowiek widzi równocześnie tylko swoje ciało i niewielką część ziemi. Ale chrzest duchowy, czyli inicjacja otrzymana od prawdziwego guru, rozszerza świadomość. Każdy, kto zdoła zobaczyć, tak jak Jezus, jak opada nań duchowa gołębica – to jest, każdy, kto potrafi dojrzeć swoje duchowe oko wszechobecnej wszechwiedzy – i dzięki wytrwałości w stale pogłębiającej się medytacji przebije spojrzeniem jego światło, dostrzeże całe królestwo Kosmicznej Energii i świadomość Boga w nim i poza nim, w Nieskończonej Szczęśliwości Ducha.[7]

---

[7] W *Autobiografii jogina* Paramahansa Jogananda napisał: „Iluzja świata, *maja*, przejawia się w człowieku jako *awidja*, dosłownie «nie-wiedza», ułuda. *Maji* czyli *awidji* nie da się zniszczyć intelektualnym przeświadczeniem ani analizą, lecz jedynie osiągając wewnętrzny stan *nirbikalpa samadhi*. Starotestamentowi prorocy i wieszczowie wszystkich krajów i epok przemawiali z tego stanu świadomości.
Ezechiel powiedział: «Wiódł mnie potem ku bramie, która to brama patrzyła ku drodze na wschód słońca. A oto chwała Boga Izraelskiego przychodziła drogą od wschodu, a szum jej był jako szum wód wielkich, a ziemia się lśniła od chwały Jego». Przez boskie oko na czole (wschód) świadomość jogina wypływa na ocean wszechobecności i słyszy on słowo, czyli *Aum*, boski dźwięk «wielu wód» – wibracje światła, stanowiące jedyną rzeczywistość stworzenia".

CZĘŚĆ II

„Jedna droga" czy uniwersalność?

*Nauki Jezusa o „ponownych narodzinach",
osiąganiu Nieba i „wierze w Jego imię"*

Chrystus w wieku 33 lat

„*Wam dano poznać tajemnice królestwa niebieskiego…*"

ROZDZIAŁ 4

„Drugie narodziny": Obudzenie intuicji płynącej z duszy

Ukryta prawda w przypowieściach Jezusa

Tedy przystąpiwszy uczniowie, rzekli mu: Dlaczegoż im w podobieństwach mówisz? A on odpowiadając, rzekł im: Wam dano poznać tajemnicę królestwa niebieskiego, ale im nie dano [...]. Dlatego im w podobieństwach mówię, iż widząc nie widzą, i słysząc nie słyszą, ani rozumieją (Mt13:10-11, 13).

Odpowiedź Jezusa na pytanie, dlaczego naucza, ilustrując swe nauki misternymi przypowieściami, znaczyła: „Ponieważ zostało ustanowione, że wy, którzy jesteście moimi prawdziwymi uczniami, i którzy prowadzicie uduchowione życie i postępujecie zgodnie z moimi naukami, zasługujecie z racji waszego wewnętrznego przebudzenia w medytacjach na zrozumienie prawdy o magicznych tajemnicach niebios i tego, jak osiągnąć królestwo Boże, Kosmiczną Świadomość skrytą w wibracyjnym stworzeniu kosmicznej ułudy. Jednak zwykli ludzie, nieprzygotowani do ich przyjęcia, nie potrafią pojąć ani zastosować mądrości głębszych prawd. Z przypowieści, zgodnie ze swoim zrozumieniem, wybierają prostsze prawdy spośród mądrości, które im przekazuję. Dzięki stosowaniu w praktyce tego, co zdolni są przyjąć, posuwają się wolno do przodu na drodze do odkupienia".

Jak przygotowani do przyjęcia prawdy ją dostrzegają, podczas gdy nieprzygotowani „widząc nie widzą, i słysząc nie słyszą, ani rozumieją"? Ostateczne prawdy niebios i królestwa Bożego, rzeczywistość leżącą poza postrzeganiem zmysłowym i poza rozważaniami racjonalizującego umysłu, można uchwycić jedynie intuicją – rozbudziwszy poznanie intuicyjne, jasne rozumienie duszy.

❖ ❖ ❖

A był niektóry człowiek z Faryzeuszów, imieniem Nikodem, książę żydowski. Ten przyszedł do Jezusa w nocy i rzekł mu: Mistrzu! wiemy, żeś przyszedł od Boga nauczycielem; bo nikt tych cudów czynić nie może, które ty czynisz, jeśliby Bóg z nim nie był.

Odpowiedział Jezus i rzekł mu: Zaprawdę, zaprawdę powiadam ci: Jeśli się kto nie narodzi znowu, nie może widzieć królestwa Bożego.

Rzekł do niego Nikodem: Jakoż się może człowiek narodzić, będąc stary? Czyż może powtórnie wejść w żywot matki swojej i narodzić się?

Odpowiedział Jezus: Zaprawdę, zaprawdę powiadam ci: Jeśliby się kto nie narodził z wody i z Ducha, nie może wejść do królestwa Bożego. Co się narodziło z ciała, ciałem jest, a co się narodziło z Ducha, duchem jest. Nie dziwuj się, żem ci powiedział: Musicie się znowu narodzić. Wiatr, gdzie chce, wieje i głos jego słyszysz, ale nie wiesz, skąd przychodzi i dokąd idzie; tak jest z każdym, który się narodził z Ducha (Jan 3:1-8).

Nikodem przyszedł do Jezusa potajemnie, w nocy, ponieważ obawiał się krytyki społeczeństwa. Dla kogoś z jego pozycją zwrócenie się do kontrowersyjnego nauczyciela i zadeklarowanie swej wiary w boski status Jezusa było aktem odwagi. Z czcią zapewnił o swoim przekonaniu, że jedynie mistrz prawdziwie obcujący z Bogiem potrafi operować wyższymi prawami rządzącymi wewnętrznym życiem wszystkich istot i wszystkich rzeczy.

W odpowiedzi Chrystus natychmiast skierował uwagę Nikodema na boskie Źródło wszystkich zjawisk w stworzeniu – tak ziemskich, jak i „cudownych" – mówiąc pokrótce, że każdy człowiek może kontaktować się ze Źródłem i poznać cuda, które z Niego pochodzą, tak samo jak Jezus sam to czynił po przejściu duchowych „drugich narodzin" intuicyjnego przebudzenia duszy.

Wiedzione pustą ciekawością tłumy, przyciągnięte pokazem niezwykłych mocy, otrzymały niewiele ze skarbnicy mądrości Jezusa, ale wyraźna szczerość Nikodema sprawiła, że Mistrz podał mu konkretne wskazówki, podkreślając Najwyższą Moc i Cel, na którym człowiek powinien się koncentrować. Cuda mądrości czynione w celu oświecenia umysłu lepsze są od cudów fizycznego uzdrawiania i od tych czynionych w celu podporządkowania sobie przyrody; a jeszcze większym cudem jest uzdrowienie podstawowej przyczyny każdej postaci cierpienia: omamiającej niewiedzy, która przesłania jedność ludzkiej duszy i Boga. Tę pierwotną niepamięć zwycięża jedynie poznanie Jaźni poprzez moc intuicji, dzięki której dusza bezpośrednio pojmuje swą własną naturę jako zindywidualizowanego Ducha i postrzega Ducha jako esencję wszystkiego.

Wszystkie objawione *bona fide* religie świata opierają się na poznaniu intuicyjnym. Każda ma swoją egzoteryczną lub zewnętrzną specyfikę, i ezoteryczne lub wewnętrzne jądro. Aspekt egzoteryczny to ich forma publiczna, na którą składają się przykazania moralne i zbiór doktryn, dogmatów, rozpraw, reguł i zwyczajów, z pomocą których prowadzą szeroką rzeszę swoich wyznawców. Aspekt ezoteryczny koncentruje się na metodach umożliwiających prawdziwe obcowanie duszy z Bogiem. Aspekt egzoteryczny jest dla ogółu; ezoteryczny – dla nielicznych żarliwych wielbicieli. Ezoteryczny aspekt religii prowadzi do intuicji, bezpośredniego poznania Rzeczywistości.

Wzniosła *Sanathana Dharma* z filozofii wedyjskiej starożytnych Indii – streszczona w Upaniszadach i sześciu klasycznych systemach wiedzy metafizycznej, a także w niezrównany sposób ujęta w *Bhagawadgicie* – opiera się na intuicyjnym postrzeganiu Rzeczywistości Transcendentalnej. Buddyzm, ze swymi rozmaitymi metodami opanowania umysłu i uzyskiwania głębi w medytacji, popiera wiedzę intuicyjną jako środek do urzeczywistnienia transcendencji nirwany. Sufizm i islam bazują na intuicyjnym, mistycznym doświadczeniu duszy.[1] W religii żydowskiej istnieją nauki ezoteryczne oparte na wewnętrznym doświadczeniu Boga, czego dowodzi bogata spuścizna oświeconych przez Boga biblijnych proroków. Nauki Chrystusa w pełni wyrażają owe doświadczenie. *Objawienie* apostoła Jana w niezwykły sposób eksponuje intuicyjne postrzeganie przez duszę najgłębszych prawd, skrytych w metaforach.

❖ ❖ ❖

„Powtórne narodziny", o których Jezus mówił, że są konieczne, wprowadzają nas do krainy intuicyjnego postrzegania prawdy. W Nowym Testamencie nie stosowano może słowa „intuicja", ale jest w nim bardzo dużo

---

[1] Zob. Paramahansa Jogananda, *Wine of the Mystic: The Rubaiyat of Omar Khayyam – a Spiritual Interpretation* (Wino mistyka: rubajaty Omara Chajjama – interpretacja duchowa), wydane przez Self-Realization Fellowship.

odniesień do wiedzy intuicyjnej. W istocie, dwadzieścia jeden wersetów opisujących odwiedziny Nikodema u Jezusa przedstawia, w zwięzłych, epigramatycznych powiedzeniach, typowych dla pism świętych Wschodu, pełne ezoteryczne nauki Jezusa o tym, jak praktycznie osiągnąć nieskończone królestwo szczęśliwej boskiej świadomości.

Wersety te szeroko interpretowano tak, aby potwierdzić niektóre doktryny zakładające, że chrzest ciała wodą jest wstępnym warunkiem wejścia do królestwa Bożego po śmierci (J 3: 5); że Jezus jest jedynym „Synem Bożym" (J 3:16); że już sama „wiara w Jezusa" wystarcza do zbawienia i że wszyscy ci, którzy w Niego nie wierzą, są potępieni (J 3:17-18).

Takie egzoteryczne odczytywanie Pisma topi w dogmatach uniwersalność religii. Wraz ze zrozumieniem prawdy ezoterycznej rozciąga się przed nami panorama jedności.

❖ ❖ ❖

„Jeśli się kto nie narodzi znowu, nie może widzieć królestwa Bożego".

Dobór tych słów przez Jezusa wskazuje na Jego znajomość duchowej doktryny reinkarnacji uznawanej na Wschodzie. Naukę tę można zrozumieć jedynie tak, że dusza musi rodzić się wielokrotnie w różnych ciałach, aż na nowo obudzi się w niej poznanie swej wrodzonej doskonałości. Wierzyć, że po śmierci ciała dusza automatycznie wchodzi do wiecznej, anielskiej rzeczywistości w niebie, to żywić złudną nadzieję. Dopóki człowiek nie osiągnie doskonałości, usuwając złoża karmiczne (skutki swego działania) ze zindywidualizowanego Boskiego obrazu swej duszy, dopóty nie może wejść do królestwa Bożego.[2] Zwykły człowiek, który poprzez swe niewłaściwe działania i pragnienia rzeczy materialnych stale tworzy nowe więzy karmiczne, powiększając zasób skutków nagromadzonych w licznych poprzednich inkarnacjach, nie może uwolnić swej duszy w trakcie jednego żywota. Potrzeba wielu żywotów – całych wieków ewolucji fizycznej, umysłowej i duchowej, aby przepracować wszystkie karmiczne uwikłania, które

---

[2] „Bądźcież wy tedy doskonałymi, jako i Ojciec wasz, który jest w niebiosach, doskonały jest" (Mt 5:48).

blokują intuicję duszy, czyste poznanie, bez którego nie można „oglądać królestwa Bożego".

Podstawowe znaczenie słów Jezusa, którymi odpowiedział On Nikodemowi, wykracza poza zawartą w nich wzmiankę o reinkarnacji. Wynika to jasno z prośby Nikodema o dalsze wyjaśnienie, jak *człowiek stary* może osiągnąć królestwo Boże: czy musi znów wejść w łono matki i ponownie się narodzić? W następnych wersetach Jezus mówi szczegółowo, jak człowiek może się „powtórnie narodzić" w swoim obecnym żywocie – jak dusza utożsamiająca się z ciałem i ograniczona zmysłami może poprzez medytację narodzić się ponownie w Świadomości Kosmicznej.

❖ ❖ ❖

„Jeśliby się kto nie narodził z wody i z Ducha, nie może wejść do królestwa Bożego".

Słowa „narodził z wody" interpretuje się zwykle jako pełnomocnictwo Kościoła do udzielania chrztu wodą – przeprowadzania zewnętrznego rytuału symbolizującego odrodzenie – aby człowiek stał się uprawniony do wejścia do królestwa Bożego po śmierci. Ale Jezus nie mówił o ponownych narodzinach z użyciem wody. „Woda" oznacza tu protoplazmę; ciało składa się głównie z wody i rozpoczyna swoje ziemskie życie w płynie owodniowym w łonie matki. Chociaż dusza musi przejść naturalny proces narodzin, który Bóg ustanowił prawami biologicznymi, fizyczne narodziny to za mało, by człowiek kwalifikował się do oglądania lub wejścia do królestwa Bożego.

Zwykła świadomość przywiązana jest do ciała i parą fizycznych oczu człowiek może dojrzeć jedynie malutki teatr tej ziemi i otaczające ją gwiaździste niebo. Przez małe zewnętrzne okienka pięciu zmysłów uwiązane ciałem dusze nie dostrzegają żadnych cudów istniejących poza ograniczoną materią.

Człowiek znajdujący się wysoko nad ziemią w samolocie nie widzi granic, tylko nieskończoność przestrzeni i bezkresne niebo. Ale zamknięty w pomieszczeniu bez okien, otoczony ścianami, nie widzi tego bezmiaru.

Podobnie, gdy dusza człowieka zesłana zostaje z nieskończoności Ducha w ograniczone zmysłami śmiertelne ciało, jej doświadczanie zewnętrznego świata podlega ograniczeniom materii. Zatem, Jezus nawiązywał do faktu, że, jak to wyrażają współcześni naukowcy, nasze poznanie uwarunkowane jest ograniczonymi możliwościami zmysłów i rozumu.

Tak jak nie można zobaczyć szczegółów odległych gwiazd przez teleskop o dwucalowej średnicy, tak też człowiek, mówił Jezus, nie może widzieć ani wiedzieć czegokolwiek o niebieskim królestwie Bożym, poprzez nierozwinięte moce umysłu i zmysłów. Jednakże, dwustucalowy teleskop umożliwia człowiekowi zajrzenie w odległe rejony przestrzeni pełnej gwiazd; podobnie, dzięki rozwijaniu zmysłu intuicji poprzez medytację, może on oglądać i wejść do astralnego i przyczynowego królestwa Bożego – miejsca narodzin myśli, gwiazd i dusz.

Jezus podkreśla, że gdy dusza człowieka wcieli się w ciało – człowiek narodzi się z wody, czyli protoplazmy – to powinien on przezwyciężyć ograniczenia swego śmiertelnego ciała poprzez samorozwój. Dzięki obudzeniu „szóstego zmysłu"– intuicji, i otwarciu duchowego oka, jego oświecona świadomość może wejść do królestwa Bożego. Po takich powtórnych narodzinach ciało pozostaje takie samo; ale świadomość duszy, już nie przywiązana do sfery materialnej, może swobodnie przemierzać nieskończone, wiecznie szczęśliwe królestwo Ducha.

Bóg zamierzył, aby Jego ludzkie dzieci żyły na ziemi, mając obudzone postrzeganie Ducha przenikającego całe stworzenie, i w ten sposób cieszyły się Jego utworzonym ze snu przedstawieniem – kosmiczną rozrywką. Pośród stworzeń jedynie człowiek, jako wyjątkowe dzieło Boga, otrzymał ciało wyposażone w narzędzia i możliwości konieczne do wyrażenia w pełni boskiego potencjału duszy. Ale z powodu omamienia przez Szatana człowiek ignoruje swoje wyższe przyrodzone dary i tkwi w więzach ograniczonego ciała i jego śmiertelności.

Duch w postaci zindywidualizowanych dusz stopniowo rozwija swoją moc poznania w kolejnych stadiach ewolucji: objawiającą się nieświadomą reakcją minerałów, odczuwaniem roślin, instynktownym przeczuciem zwierząt, intelektem, rozumem i nierozwiniętą, introspektywną intuicją zwykłego człowieka oraz czystą intuicją człowieka doskonałego.

Powiedziane jest, że po ośmiu milionach żywotów, przechodząc przez kolejne stopnie ewolucji jak syn marnotrawny przez cykle inkarnacji, dusza osiąga wreszcie ciało ludzkie. Początkowo ludzie byli nieskalanymi synami

Bożymi. Nikt oprócz świętych nie zna boskiej świadomości, jaką cieszyli się Adam i Ewa. Od upadku człowieka, od czasu nadużycia przez niego swojej niezależności, stracił on tę świadomość przez utożsamianie się z cielesnym ego i jego doczesnymi pragnieniami. Bynajmniej nierzadko spotyka się osoby, które bardziej przypominają instynktownie reagujące zwierzęta niż ludzi kierujących się rozumem. Osoby te są tak bardzo materialnie nastawione, że kiedy rozmawiają o jedzeniu, seksie albo pieniądzach, to rozumują i reagują odruchowo, jak słynny śliniący się pies Pawłowa. Ale spróbuj tylko wciągnąć ich w poważną filozoficzną dyskusję o Bogu lub tajemnicy życia, a ich traktowanie rozmówcy jak pomylonego świadczy o tym, że nic nie rozumieją.

Człowiek duchowy stara się uwolnić od materialności, która jest przyczyną jego zmarnowanych wędrówek w labiryncie wcieleń, natomiast zwykły człowiek nie chce niczego więcej, jak tylko polepszenia swego ziemskiego bytu. Podobnie jak instynkt zamyka zwierzę w określonych granicach, tak rozum ogranicza człowieka, który nie usiłuje stać się człowiekiem doskonałym poprzez rozwój intuicji. Człowiek, który czci jedynie rozum i nie uświadamia sobie, że może korzystać z potęgi swojej intuicji – tylko dzięki której może poznać siebie jako duszę – nie różni się wiele od racjonalnego zwierzęcia, i pozostaje bez kontaktu z duchowym dziedzictwem, które mu się należy z przyrodzenia.

❖ ❖ ❖

Ciało zrodzone z ciała cechują cielesne ograniczenia, natomiast dusza, zrodzona z Ducha, ma potencjalnie nieograniczone moce. Poprzez medytację świadomość człowieka przenosi się z ciała do duszy i wtedy mocą intuicji duszy nie doświadcza on siebie jako śmiertelnego ciała (zjawiska obiektywnej natury), lecz jako zamieszkałą w nim nieśmiertelną świadomość, stanowiącą jedno z noumenalną Boską Zasadą.

❖ ❖ ❖

Człowiek ma silne przekonanie, że zasadniczo jest ciałem, nawet jeśli codziennie otrzymuje dowody, że tak nie jest. Każdej nocy we śnie, „w tej małej śmierci", przestaje utożsamiać się ze swoją postacią fizyczną i odradza się jako niewidzialna świadomość. Dlaczego jest tak, że człowiek musi spać? Dlatego, że sen jest przypomnieniem tego, co jest poza stanem snu – przypomnieniem stanu duszy. Życie śmiertelnika byłoby nie do zniesienia bez przynajmniej podświadomego kontaktu z duszą, który zachodzi podczas snu. W nocy człowiek zrzuca pamięć o ciele do podświadomości i staje się aniołem; w ciągu dnia ponownie staje się diabłem, oddzielonym od ducha pragnieniami i doznaniami ciała. Dzięki medytacji *krija-jogi* może być bogiem w dzień, jak Chrystus i inni wielcy mistrzowie. Wykracza poza podświadomość i wchodzi w nadświadomość; rozpuszcza wtedy świadomość ciała w boskiej ekstazie. Ten, kto potrafi tego dokonać, rodzi się ponownie.

❖ ❖ ❖

Ziemia jest siedliskiem zmartwień i cierpienia, natomiast królestwo Boże, które leży poza sferą materialną, to siedziba wolności i szczęśliwości. Dusza budzącego się człowieka przeszła trudną drogę – wielu wcieleń w ciągu ewolucji – po to aby pojawić się w ciele ludzkim i mieć możliwość odzyskania swej utraconej boskości. Jakże wiele jednak ludzkich żywotów zostało zmarnowanych na troskę o jedzenie, pieniądze i zaspokajanie cielesnych pragnień i egoistycznych uczuć! Każdy człowiek powinien pytać siebie, jak wykorzystuje on cenne chwile swego obecnego żywota. Ostatecznie, ciała wszystkich ludzi boleśnie ulegają rozpadowi; czyż nie lepiej oddzielić duszę od świadomości ciała – zachować ciało jako świątynię Ducha? O Duszo, nie jesteś ciałem. Pamiętaj zawsze, że jesteś Duchem Bożym![3]

Jezus powiedział, że musimy przywrócić nasze połączenie z Wiecznością; musimy się ponownie narodzić. Człowiek musi albo iść okrężną drogą reinkarnacji, aby przepracować swoją karmę, albo – z pomocą techniki takiej jak *krija-joga* lub prawdziwego guru – obudzić w sobie zdolność intuicji i poznać siebie jako duszę, czyli ponownie narodzić się w Duchu. Dzięki tej drugiej metodzie może ujrzeć królestwo Boże i wejść do niego w obecnym żywocie.

Prędzej czy później, po kilku lub wielu pełnych cierpienia wcieleniach, dusza w każdym człowieku pocznie krzyczeć, aby mu przypomnieć, że jego dom nie jest tutaj, i zacznie on szczerze szukać drogi powrotnej do swego

---

[3] „Azaliż nie wiecie, iż kościołem Bożym jesteście, a Duch Boży mieszka w was?" (1Kor 3:16).

prawowitego królestwa niebieskiego. Kiedy człowiek bardzo pragnie poznać Prawdę, Bóg przysyła mistrza, którego oddanie i poznanie pozwala Bogu zaszczepić Swą miłość w sercu tego człowieka.

Narodziny w ciele człowiek zawdzięcza rodzicom, natomiast narodziny duchowe wyznaczonemu przez Boga guru. W tradycji wedyjskiej starożytnych Indii nowonarodzone dziecko nazywa się *kayastha*, co oznacza „utożsamiony z ciałem". Dwoje fizycznych oczu, które patrzą na urzekającą materię, mamy dzięki fizycznym rodzicom, natomiast oko duchowe otwiera nam guru podczas inicjacji, duchowego chrztu. Dzięki pomocy guru inicjowany uczy się używania tego teleskopowego oka do oglądania Ducha i wtedy staje się *dwidźa*, „powtórnie narodzonym" – jest to taki sam metafizyczny termin, jakiego używał Jezus – i wkracza na drogę do stania się *braminem*, znawcą Brahmana, czyli Ducha.

Poprzez kontakt z Bogiem uwięziona w materii dusza wznosi się do Ducha i powtórnie się rodzi – w Duchu. Niestety, taka inicjacja, umożliwiająca przejście ze świadomości ciała do świadomości duchowej, nawet w Indiach stała się tylko formalnością, obrzędem kastowym wykonywanym przez zwykłych kapłanów podczas inicjacji młodych bramińskich chłopców – sprowadzającym się do symbolicznego rytuału chrztu wodą. Tymczasem Jezus, tak jak wielcy hinduscy mistrzowie starożytnych i współczesnych czasów, udzielał rzeczywistego chrztu w Duchu – „Duchem Świętym i ogniem". Prawdziwy guru to taki, który potrafi przemienić komórki mózgowe ucznia za pomocą duchowego prądu, który spływa od Boga poprzez jego oświeconą świadomość. Wszyscy, którzy zdolni są dostroić się do niego, odczują taką przemianę – ci, którzy medytują szczerze i głęboko, tak jak zaleca to *krija-joga*, uczą się przesyłania boskiego prądu do komórek swego mózgu. Dusza przywiązana jest do ciała sznurami karmy, splecionymi w trakcie wszystkich żywotów z ziemskich pragnień, zachowań i nawyków. Tylko prąd życiowy może zmienić życie człowieka, niszcząc owe miliony karmicznych zapisów. Wtedy rodzi się on powtórnie: dusza otwiera wewnętrzne okno jedności z Duchem i uzyskuje wgląd w cudowną wszechobecność Bożą.

Zatem termin „powtórnie narodzony" oznacza o wiele więcej, niż tylko wstąpienie do jakiegoś Kościoła i przyjęcie obrzędowego chrztu. Po śmierci sama wiara nie zapewni duszy stałego miejsca w niebie. Konieczne jest obcowanie z Bogiem teraz. Ludzie stają się aniołami na ziemi, a nie w niebie. W nowej inkarnacji człowiek będzie musiał podjąć swój rozwój dokładnie tam, gdzie go przerwał w chwili śmierci. Po obudzeniu się pozostaje się tą samą osobą, którą się było przed zaśnięciem; po śmierci pozostaje się tą samą osobą, którą się było przed śmiercią.

Dlatego Chrystus i Mistrzowie twierdzą, że konieczne jest zostanie świętym przed zapadnięciem w sen śmierci. Nie można tego osiągnąć, wypełniając umysł ziemskimi przywiązaniami i bezużytecznymi rozrywkami. Ten, kto pochłonięty jest gromadzeniem skarbów na ziemi, nie zajmuje się Bogiem; ten, kto skupiony jest na Bogu, nie pragnie w życiu wielu rzeczy. To dzięki uwolnieniu się od ziemskich pragnień wstępuje on do królestwa Bożego. Pan czeka cierpliwie na stuprocentowe oddanie człowieka; tym, którzy wytrwale poszukują Go każdego dnia i którzy wypełniają Jego przykazania poprzez pobożne zachowanie, otwiera On drzwi do królestwa Swej obecności.

Wykłady opowiadające o blasku słońca i pięknych widokach, nawet liczne, nie sprawią, że je zobaczę, jeśli mam zamknięte oczy. Podobnie, ludzie nie ujrzą Boga, który jest obecny we wszystkim, jeśli i dopóki nie otworzą duchowego oka intuicyjnej percepcji. Kiedy człowiek dostrzeże, że nie jest śmiertelnym ciałem, lecz iskrą Nieskończonego Ducha przesłoniętą zagęszczoną energią życia, wtedy będzie mógł ujrzeć królestwo Boże. Uświadomi sobie, że jego ciało i wszechświat nie są zbudowane z ograniczającej duszę materii, lecz z ekspansywnej, niezniszczalnej energii i świadomości. Nauka dowiodła tej prawdy; i każdy człowiek może jej doświadczyć. Dzięki *krija-jodze* może uzyskać niezachwianą pewność, że jest tym wielkim Światłem i Świadomością Ducha.

O człowiecze, jak długo jeszcze pozostaniesz racjonalnym zwierzęciem? Jak długo jeszcze będziesz się bezowocnie starał zajrzeć w bezmiar stworzenia, używając tylko swych krótkowzrocznych oczu zmysłów i rozumu? Jak długo jeszcze pozostaniesz w niewoli zwierzęcych popędów? Zrzuć wszystkie krępujące cię okowy; poznaj, że jesteś nieśmiertelny, masz nieograniczone moce i zdolności. Precz z tym starym jak świat snem racjonalnego zwierzęcia! Obudź się! Jesteś obdarzonym intuicją dzieckiem nieśmiertelności!

ROZDZIAŁ 5

„Wywyższenie Syna człowieczego" do Boskiej świadomości

Odpowiedział Nikodem i rzekł mu: Jakoż to być może? Odpowiedział Jezus i rzekł mu: Tyś jest nauczycielem w Izraelu, a tego nie wiesz? Zaprawdę, zaprawdę powiadam ci, iż co wiemy, mówimy, a cośmy widzieli, świadczymy: ale świadectwa naszego nie przyjmujecie. Gdy Wam o ziemskich rzeczach powiadam, a nie wierzycie, to jeśli, będę wam powiadał o niebieskich, czy uwierzycie? A nikt nie wstąpił do nieba, tylko ten, który zstąpił z nieba, Syn człowieczy, który jest w niebie. A jako Mojżesz węża na puszczy wywyższył, tak musi być wywyższony Syn człowieczy. Aby każdy, kto weń wierzy, nie zginął, ale miał żywot wieczny (J 3: 9 – 15).

Zwracając się do Nikodema, Jezus zauważył, że samo sprawowanie oficjalnego urzędu pana domu Izraela, nie gwarantuje zrozumienia tajemnic życia. Często przyznaje się ludziom tytuły religijne na podstawie ich intelektualnej znajomości pism świętych. Tymczasem pełne zrozumienie głęboko ezoterycznych prawd może nastąpić jedynie na drodze intuicji.

„Co wiemy, mówimy" – mowa tu o wiedzy głębszej od informacji pochodzących z intelektu i rozumu, zależnych od zmysłów. Jako że zmysły są ograniczone, ograniczone jest także rozumienie intelektualne. Zmysły i umysł to zewnętrzne drzwi, przez które wiedza przenika do świadomości. Zmysły filtrują ludzką wiedzę, a umysł interpretuje ją. Jeśli percepcja zmysłowa jest błędna, wnioski z rozumienia pobranych danych również są błędne.

Biała, przeźroczysta tkanina powiewająca w oddali na wietrze może wyglądać jak duch, i zabobonny człowiek wierzy, że to duch; lecz przyglądając się uważniej dojdzie do wniosku, że popełnił błąd. Zmysły i rozum łatwo dają się zwieść, bo nie potrafią uchwycić prawdziwej natury, podstawowych cech i istoty rzeczy stworzonych.

Jezus, ze swoją intuicją, miał pełne poznanie noumenów podtrzymujących funkcjonowanie kosmosu i różnorodności istniejącego w nim życia, oświadczył więc autorytatywnie: „*Naprawdę wiemy*".

Jezus był w harmonii z bezkresnym planem przejawienia – poza przestrzenią, poza ziemskim postrzeganiem. Napastliwie nastawionym ludziom nie mógł mówić otwarcie o swoich widzeniach – nawet te prawdy, które im objawił, doprowadziły do Jego ukrzyżowania! Rzekł do Nikodema: „Jeśli opowiem ci o sprawach dotyczących dusz ludzkich, które są widzialnie obecne na ziemi, i jak mogą one wstąpić do królestwa Bożego, a nie uwierzysz, to jakżeż uwierzysz temu, co ci powiem o wydarzeniach w sferach niebiańskich, które są całkowicie zakryte przed wzrokiem zwykłego człowieka?".

Jezus okazywał przychylną cierpliwość Nikodemowi, i chociaż ubolewał nad tym, że wątpił on w intuicyjne objawienia Jego Chrystusowego stanu, dalej tłumaczył swemu gościowi, w jaki sposób może on sam – i każdy inny poszukiwacz prawdy – doświadczyć owych prawd.

Bardzo wielu wątpi w istnienie nieba, ponieważ go nie widzą. Jednak nie wątpią oni w powiew wiatru tylko dlatego, że jest niewidoczny. Poznaje się go po dźwięku, wrażeniach na skórze, ruchu liści i innych przedmiotów. Cały wszechświat żyje, porusza się, oddycha za sprawą niewidzialnej obecności Bożej w pozamaterialnych siłach niebieskich.

Pewnego razu pewien mężczyzna dał trochę oliwek człowiekowi, który nigdy nie widział tych owoców, mówiąc: „Jest w nich dużo oliwy". Obdarowany przeciął owoc, ale nie mógł dojrzeć oliwy – dopóki jego darczyńca nie pokazał mu, jak wyciskać oliwki, aby wydobyć z nich oliwę. Tak samo jest z Bogiem. Wszystko we wszechświecie przepojone jest Jego obecnością – migotliwe gwiazdy, róża, pieśń ptaka, nasze umysły. Jego Jestestwo przenika wszystko. Jednak, mówiąc metaforycznie, człowiek musi „wycisnąć" Boga z materii, w której się skrywa.

Drogą do poznania subtelnego nieba, krainy obfitości znajdującej się poza wszechświatem z grubej materii, jest wewnętrzna koncentracja. Ceną wielkości i możliwości obcowania z Bogiem, jest odosobnienie. Wszyscy, którzy zechcą wyrwać trochę czasu zachłannemu materialnemu światu, aby poświęcić go na poszukiwanie Boga, mogą nauczyć się oglądać cudowną fabrykę stworzenia, z której pochodzą wszystkie rzeczy. Każda wcielona dusza zstąpiła z niebiańskich sfer przyczynowej i astralnej i każda dusza może ponownie się wznieść, udając się na „pustynię" wewnętrznej ciszy i praktykując naukową metodę wznoszenia siły życiowej i świadomości ze stanu utożsamiania się z ciałem do jedności z Bogiem.

❖ ❖ ❖

„A nikt nie wstąpił do nieba, tylko ten, który zstąpił z nieba, Syn człowieczy, który jest w niebie. A jako Mojżesz węża na puszczy wywyższył, tak musi być wywyższony Syn człowieczy" (Jan 3:13-14).

Ten ustęp jest bardzo ważny lecz mało zrozumiały. Jeśli brać go dosłownie, to słowa „węża na puszczy wywyższył" stanowią w najlepszym razie klasyczną biblijną zagadkę. Każdy symbol ma ukryte znaczenie, które należy właściwie zinterpretować.

Tutaj słowo „wąż" jest metaforą ludzkiej świadomości i siły życiowej znajdującej się w subtelnym, spiralnym kanale u podstawy kręgosłupa, której wypływ w kierunku świata materialnego musi zostać u człowieka powstrzymany i odwrócony, aby mógł on ponownie wznieść się ze stanu przywiązania do ciała i osiągnąć wolność nadświadomości.

Jako dusze na początku wszyscy znajdowaliśmy się w łonie Boga. Duch przejawia pragnienie stworzenia zindywidualizowanych obrazów samego siebie. Dusza zostaje stworzona, po czym emanuje z siebie ideę ciała w postaci przyczynowej. Idea staje się energią, czyli ciałem astralnym zbudowanym z żywotronów. Ciało astralne zagęszcza się w fizyczne. Dusza zstępuje przez integrujący te trzy ciała kanał w kręgosłupie, utożsamiając się z materialnym ciałem i materią.

„Ten, który zstąpił z nieba" oznacza ciało fizyczne. (Jezus nazywa ciało ludzkie „człowiekiem". We wszystkich ewangeliach mówi on o własnym ciele fizycznym jako o „Synu człowieczym", w odróżnieniu od swojej Świadomości Chrystusowej – „Syna Bożego"). Człowiek zstępuje z niebiańskich sfer Bożego stworzenia, kiedy jego dusza, odziana w świetliste, utworzone z zakrzepłych idei Boga ciało przyczynowe, oraz w świetliste ciało astralne, ubiera zewnętrzne okrycie z materialnych tkanek. Zatem nie tylko Jezus, ale wszystkie dzieci Boże „zstąpiły z nieba".

❖ ❖ ❖

Żadne ludzkie ciało nie wstąpiło do nieba, którego eteryczna substancja nie pozwala na zamieszkiwanie w nim istot cielesnych. Dusze mogą jednak wchodzić i wchodzą do niebiańskich sfer wtedy, kiedy poprzez śmierć lub drogą duchowej transcendencji porzucają fizyczną świadomość i poznają siebie jako istoty anielskie odziane w myśl i światło.

Wszyscy jesteśmy stworzeni na obraz Boży, jesteśmy istotami o nieśmiertelnej świadomości, ubranymi w przeźroczyste niebiańskie światło – to nasze dziedzictwo ukryte pod topornym ciałem. Dziedzictwo to możemy potwierdzić jedynie poprzez medytację. Nie ma innego sposobu – nie poprzez czytanie książek, nie przez studia filozoficzne, lecz dzięki oddaniu, ciągłej modlitwie i naukowej medytacji, która wznosi świadomość do Boga.

❖ ❖ ❖

Mówiąc o „Synu człowieczym, który jest w niebie", Jezus wyjawił niezwykłą prawdę. Zwykłe dusze dostrzegają tylko swoje ciała („Synów człowieczych") chodzące po ziemi, natomiast dusze wolne, takie jak Jezus zamieszkują jednocześnie sferę fizyczną oraz niebiańskie sfery astralną i przyczynową. [...]

Tak więc, słowa Jezusa są bardzo proste i zarazem wspaniałe: nawet mieszkając w ciele w świecie fizycznym, widział On siebie jako promień Bożego światła spływający z nieba. Zademonstrował to ostatecznie po śmierci, stwarzając na nowo swoje ciało fizyczne z promieni kosmicznego stwórczego światła, a potem dematerializując je w obecności swych uczniów, gdy wstępował z powrotem do nieba. [...]

Jezus w swej inkarnacji z Bożego nakazu, skutecznie wypełniając dzieło Ojca niebieskiego w świecie, mógł zgodnie z prawdą głosić: „Jestem w niebie". Był w najwyższej ekstazie Bożej Świadomości, określanej przez joginów jako *nirwikalpa samadhi*, ekstatycznym stanie „bez odróżniania" zewnętrznej świadomości od wewnętrznej jedności z Bogiem. W *sawikalpa samadhi*, „z odróżnianiem", mniej wzniosłym stanie, nie jest się świadomym zewnętrznego świata; ciało pozostaje bezwładne w transie, podczas gdy świadomość zatopiona jest w wewnętrznej, świadomej jedności z Bogiem. Najbardziej zaawansowani mistrzowie mogą być w pełni świadomi

Boga i nie wykazywać żadnych oznak paraliżu ciała; wielbiciel upaja się Bogiem, a jednocześnie jest świadomy i w pełni aktywny w otoczeniu zewnętrznym – jeśli tego chce.

To oświadczenie Jezusa jest wielką zachętą dla każdej duszy: chociaż człowieka dręczą dylematy towarzyszące pobytowi w ciele fizycznym, Bóg zapewnił mu możliwość pozostawania w niebiańskiej świadomości, niezależnie od okoliczności zewnętrznych. Upojony Bogiem, pozostaje upojony, dokądkolwiek by się nie udał. Człowieka chorego cały czas zaprząta jego choroba. Człowiek szczęśliwy stale tryska radością. Natomiast człowiek świadomy Boga cieszy się najwyższą szczęśliwością, niezależnie od tego, czy działa w świecie zewnętrznym, czy pochłonięty jest wewnętrznym obcowaniem z Bogiem.

❖ ❖ ❖

W ewangeliach Jezus raz po raz podkreśla, że to, co osiągnął On, mogą osiągnąć wszyscy. Jak to zrobić, pokazują Jego następne słowa do Nikodema:

„A jako Mojżesz węża na puszczy wywyższył, tak musi być wywyższony Syn człowieczy. Aby każdy, kto weń wierzy, nie zginął, ale miał żywot wieczny".

Jezus powiedział, że każdy syn człowieczy (każda świadomość cielesna) musi zostać „wywyższony", czyli musi wznieść się ze sfery zmysłów do sfery astralnej poprzez odwrócenie prądu siły życiowej uciekającej w świat materii, tak aby zaczęła się ona wznosić zwiniętym niby wąż kanałem u podstawy kręgosłupa – syn człowieczy zostaje wywyższony, kiedy ta wężowa siła wniesie się, „jako Mojżesz węża na puszczy wywyższył". Musimy ponownie wznieść się, tak jak to zrobił Mojżesz, na duchowej pustyni ciszy, gdzie opuściły go wszystkie pragnienia, wznosząc swą duszę ze świadomości ciała do Świadomości Boskiej tą samą drogą, którą ona zstąpiła.

Jak wyjaśniłem wcześniej, ciała człowieka: fizyczne, astralne i przyczynowe są z sobą powiązane i funkcjonują jako jedno dzięki temu, że siła życiowa i świadomość splatają się w siedem węzłów mózgowo-rdzeniowych. Licząc z góry na dół, ostatnim węzłem jest zwinięty spiralnie węzeł u podstawy kręgosłupa, który uniemożliwia wznoszenie się świadomości do niebiańskiej sfery astralnej. Dopóki nie wiemy, jak rozsupłać ten węzeł astralnych i fizycznych mocy, siła życiowa i świadomość stale przyciągane są do sfery materialnej, emanując na zewnątrz do ciała i zmysłów.

Większość energii porusza się w przestrzeni spiralnie – spirala to wszechobecny motyw w makrokosmicznej i mikrokosmicznej architekturze wszechświata. Wypływając z mgławic galaktyk – kosmicznej kolebki materii – energia porusza się spiralnie, okrężnie czy też wirowo. Motyw ten powtarza się w tańcu elektronów krążących po orbitach wokół jądra atomowego i (jak zapisane jest w starożytnych pismach hinduskich) w ruchu planet, słońc i układów gwiezdnych krążących w przestrzeni wokół wielkiego centrum wszechświata. Wiele galaktyk ma kształt spirali; także inne niezliczone zjawiska w przyrodzie – rośliny, zwierzęta, wiatry i huragany – tak samo dowodzą istnienia niewidzialnych wirów energii będących podstawą ich kształtu i budowy. Taki kształt ma również „wężowa siła" (*kundalini*) w mikrokosmosie ludzkiego ciała: ów zwinięty w spiralę prąd u podstawy kręgosłupa, potężne dynamo życia, który gdy kieruje się na zewnątrz, ożywia ciało fizyczne i świadomość opartą na postrzeganiu zmysłowym, a gdy świadomie kieruje się go w górę kręgosłupa, otwiera cudowne astralne ośrodki mózgowo-rdzeniowe.

Gdy dusza, w subtelnych powłokach ciała przyczynowego i astralnego, wchodzi w inkarnację fizyczną w chwili poczęcia, całe ciało rozwija się z zarodka utworzonego z plemnika połączonego z jajem, poczynając od pierwszych oznak *medulla oblongata*, mózgu i rdzenia kręgowego.

Z pierwotnej siedziby w *medulla* inteligentna energia życiowa ciała astralnego płynie w dół – uaktywniając wyspecjalizowane funkcje astralnych *czakr* mózgowo-rdzeniowych, które tworzą i ożywiają fizyczny kręgosłup, układ nerwowy i wszystkie pozostałe narządy ciała. Gdy pierwotna siła życiowa zakończy pracę tworzenia ciała, zatrzymuje się w zwiniętym spiralnie kanale w najniższym ośrodku u podstawy kręgosłupa. Spiralny układ kanału w tym astralnym ośrodku jest powodem nadania zwiniętej tam energii życiowej nazwy *kundalini*, czyli siły wężowej (od sanskryckiego słowa *kundala* – „zwój", „spirala"). Gdy skoncentrowana w tym ośrodku siła życiowa zakończy swą twórczą pracę, nazywa się ją „śpiącą" *kundalini*, ponieważ emanując na zewnątrz do ciała, nieprzerwanie ożywiając rejon zmysłów fizycznych – wzroku, słuchu, węchu, smaku i dotyku, a także skierowaną ku materii fizycznej siłę stwórczą popędu płciowego – sprawia ona, że świadomość silnie utożsamia się ze złudnymi snami zmysłów i sferą ich aktywności i pragnień.

Mojżesz, Jezus i hinduscy jogini znali oparty na naukowych podstawach sekret życia duchowego. Wszyscy oni jednogłośnie wskazywali, że każdy człowiek, który jest jeszcze materialistycznie nastawiony, musi opanować sztukę wznoszenia wężowej siły ze świadomości ciała, która opiera się na zmysłach, aby poczynić wewnętrznie pierwsze powrotne kroki w stronę Ducha.

Wszyscy święci wszystkich religii, którzy osiągnęli Boską świadomość, faktycznie wycofali świadomość i siłę życiową z obszarów zmysłów i skierowali ją w górę przejściem wzdłuż kręgosłupa i poprzez sploty nerwowe do ośrodka Boskiej świadomości w mózgu, a stamtąd do wszechobecnego Ducha.

Kiedy człowiek siedzi spokojnie w ciszy, to częściowo uspokaja przepływ siły życiowej, uwalnianej z mięśni, do systemu nerwowego. Na chwilę jego ciało się rozluźnia. Jednak łatwo zakłócają mu spokój wszelkie hałasy albo inne docierające doń sygnały, ponieważ siła życiowa, która nadal wypływa na zewnątrz przez zwinięte spiralnie przejście, podtrzymuje działanie zmysłów.

Podczas snu astralne siły życiowe wycofują się nie tylko z mięśni, lecz również z narządów zmysłów. Co noc każdy człowiek dokonuje wycofania fizycznej siły życiowej, chociaż czyni to nieświadomie. Energia i świadomość w ciele wycofują się na spoczynek w rejon serca, kręgosłupa i mózgu, dając człowiekowi odświeżający spokój podświadomego kontaktu z boskim dynamem wszystkich swoich mocy, z duszą. Dlaczego człowiek czuje radość we śnie? Bo kiedy jest w stanie snu głębokiego, bez marzeń sennych, nieświadomy ciała, to znikają wszystkie jego ograniczenia i umysł na chwilę łączy się z wyższą świadomością.

Jogin zna naukową sztukę wycofywania świadomości z nerwów sensorycznych, tak że żadne zewnętrzne zakłócenia wzrokowe, dźwiękowe, dotykowe, smakowe czy zapachowe nie mogą przedostać się do wewnętrznego sanktuarium jego przepojonej spokojem medytacji. Żołnierze znajdujący się całymi dniami na linii frontu potrafią zasnąć pomimo nieustannego bitewnego huku, dzięki naturalnemu procesowi nieświadomego wycofywania energii z uszu i innych narządów zmysłów. Jogin rozumie, że można to uczynić świadomie. Dzięki wiedzy, wykorzystywaniu określonych praw i stosowaniu naukowych technik koncentracji jogini dowolnie wyłączają zmysły – wykraczając poza nieświadomy sen i wchodząc w wewnętrzny, nadświadomy stan szczęśliwości.

❖ ❖ ❖

Każdy człowiek nauczył się wchodzić w podświadomość we śnie; i każdy też może opanować sztukę wchodzenia w ekstazę nadświadomości, co jest przeżyciem nieskończenie bardziej przyjemnym i odświeżającym od tego, które daje sen. Ten wyższy stan daje nam stałą świadomość, że materia to zakrzepłe wyobrażenia Boga, podobnie jak we śnie nasze sny, przyjemne lub koszmarne, są efemerycznymi tworami naszych własnych myśli, skondensowanymi czy „skrzepniętymi" w doświadczenia wizualne uprzedmiotowione mocą wyobraźni. Osoba śniąca nie wie, że koszmar jest nierzeczywisty, dopóki się nie obudzi. Tak też, jedynie poprzez obudzenie się w Duchu – w jedności z Bogiem w *samadhi* – człowiek może rozwiać kosmiczny sen i przegonić go z ekranu swojej indywidualnej świadomości.

Wznoszenie się w Duchu nie jest łatwe, bo dopóki jest się świadomym ciała, pozostaje się w okowach swej drugiej natury uporczywych nastrojów i nawyków. Trzeba śmiało przezwyciężać pragnienia ciała. Skrępowany ciałem „syn człowieczy" nie może wznieść się do niebiańskiej wolności przez samo rozprawianie o niej; aby przekroczyć mury cielesnego więzienia, musi poznać, jak rozsupłać węzeł siły *kundalini* u podstawy kręgosłupa.

Za każdym razem, gdy głęboko medytujemy, automatycznie przyczyniamy się do odwrócenia biegu siły życiowej i świadomości od materii w kierunku Boga. Jeśli prąd w astralnym węźle u podstawy kręgosłupa nie podnosi się dzięki przykładnemu życiu, dobrym myślom i medytacji, to wtedy dominują w życiu myśli materialistyczne, świeckie, przyziemne. Każdy dobry czyn, jakiego człowiek dokonuje, „wznosi go do nieba" – jego umysł staje się bardziej skupiony na Ośrodku Chrystusowym niebiańskiego postrzegania. Każdy zły czyn ściąga go w materię, a jego uwagę pochłaniają zjawy ułudy.

❖ ❖ ❖

Obudzenie *kundalini* jest nadzwyczaj trudne i nie dokonuje się przypadkowo. Potrzeba lat zbiorowej medytacji pod kierunkiem kompetentnego guru, zanim można pomarzyć o uwolnieniu niebiańskiego ciała astralnego z niewoli fizycznego więzienia poprzez obudzenie *kundalini*. Człowiek, który potrafi obudzić *kundalini* szybko zmierza do stanu Świadomości Chrystusowej. Wznoszenie się tym spiralnym kanałem otwiera duchowe oko sferycznego widzenia, ujawniając cały wszechświat otaczający ciało, podtrzymywany wibrującym światłem niebiańskich mocy.

Zmysły wzroku, słuchu, smaku, dotyku i węchu są jak pięć reflektorów, których światło ukazuje materię. Dopóki siła życiowa wypływa na zewnątrz na tych promieniach zmysłów, dopóty człowieka przyciągają piękne twarze, urzekające dźwięki, kuszące zapachy i doznania dotykowe. Jest to naturalne; lecz to, co naturalne dla świadomości uwięzionej w ciele, nienaturalne jest dla duszy. Kiedy jednak wycofa się boską energię życiową z despotycznych zmysłów, drogą w górę kręgosłupa i do duchowego ośrodka nieskończonej percepcji w mózgu, wówczas światło reflektora energii astralnej pada na bezkres wieczności, ujawniając wszechobecnego Ducha. Wielbiciela przyciąga wtedy Nadprzyrodzona Boskość, Piękność nad pięknościami, Muzyka ponad muzyką i Radość nad radościami. Może on dotykać Ducha w całym wszechświecie i słyszeć głos Boga rozbrzmiewający we wszystkich sferach. Kształt rozpuszcza się w Bezkształt. Świadomość ciała, uwięziona w tymczasowej, maleńkiej postaci, rozszerza się w bezkres wiecznego, bezpostaciowego Ducha.

Jezus wyjaśnia, że ten, kto wierzy w doktrynę wznoszenia cielesnej świadomości (syna człowieczego) ze sfery fizycznej do astralnej poprzez odwracanie biegu siły życiowej w zwiniętym spiralnie kanale u podstawy kręgosłupa, nie zginie, to znaczy, nie będzie podlegał obowiązującym w świecie fizycznym przemianom życia i śmierci, lecz stopniowo osiągnie niezmienny stan – Świadomość Chrystusową, świadomość Syna Bożego.

ROZDZIAŁ 6

Prawdziwe znaczenie „wiary w Jego imię" i zbawienia

„Albowiem tak Bóg umiłował świat, że Syna swego jednorodzonego dał, aby każdy, kto weń wierzy, nie zginął, ale miał żywot wieczny. Boć nie posłał Bóg Syna swego na świat, aby potępił świat, ale aby świat był zbawiony przezeń. Kto wierzy weń, nie będzie potępiony; ale kto nie wierzy, już jest potępiony, iż nie uwierzył w imię jednorodzonego Syna Bożego. A ten ci jest sąd, że światłość przyszła na świat, lecz ludzie bardziej umiłowali ciemność niż światłość; bo były złe uczynki ich. Każdy bowiem, kto źle czyni, nienawidzi światłości i nie idzie ku światłości, aby nie były zganione uczynki jego. Lecz kto czyni prawdę, przychodzi do światłości, aby były jawne uczynki jego, iż w Bogu są uczynione" (J 3:16-21).

Pomieszanie terminów „Syn człowieczy" i „jednorodzony Syn Boży" stało się źródłem wielkiej bigoterii w społeczeństwie chrześcijańskim, które nie rozumie albo nie uznaje ludzkiego pierwiastka w Jezusie – tego, że był człowiekiem, urodzonym w śmiertelnym ciele, który rozwinął swą świadomość tak, że stał się jednym z samym Bogiem. To nie ciało Jezusa, lecz zamieszkała w nim świadomość stanowiła jedno z jednorodzonym Synem, Świadomością Chrystusową, jedynym odbiciem Boga Ojca w stworzeniu. Nakłaniając ludzi do wiary w jednorodzonego Syna, Jezus nawiązywał do Świadomości Chrystusowej, która ukryta jest w każdej duszy, a w pełni przejawiła się w Nim i we wszystkich mistrzach, którzy na przestrzeni wieków urzeczywistnili Boga w sobie. Jezus powiedział, że wszystkie dusze, które wzniosą swą fizyczną świadomość (świadomość Syna człowieczego) do astralnego nieba, a następnie staną się jednością z jednorodzoną Inteligencją Chrystusową, obecną w całym stworzeniu, poznają życie wieczne.

Czy ten ustęp biblijny oznacza, że wszyscy ci, którzy nie zaakceptują albo nie uwierzą w Jezusa jako swego Zbawiciela, zostaną potępieni? Jest to dogmatyczna koncepcja potępienia. Tymczasem Jezus miał na myśli to, że kto nie pozna, że stanowi jedność z kosmiczną Świadomością Chrystusową, skazany jest na to, by żyć i myśleć jako zmagający się ze światem materii śmiertelnik, ograniczony barierami poznania zmysłowego, albowiem w istocie oddzielił się od Wiecznej Zasady życia.

Jezus nigdy nie uważał swojej świadomości Syna człowieczego, swego ciała, za jedynego zbawiciela wszechczasów. Abraham i wielu innych zostało zbawionych, zanim jeszcze Jezus się urodził. Mówienie o historycznej osobie Jezusa jako o jedynym zbawicielu jest metafizycznym błędem. To Inteligencja Chrystusowa jest powszechnym zbawicielem. Jako jedyne odbicie Absolutnego Ducha (Ojca) wszechobecne w świecie względności, Nieskończony Chrystus jest jedynym pośrednikiem lub ogniwem łączącym Boga z materią, przez które wszyscy śmiertelnicy – niezależnie od kasty czy wyznania – muszą przejść, aby dotrzeć do Boga. Wszystkie dusze mogą uwolnić swą uwięzioną w materii świadomość i zatopić ją w bezkresie Wszechobecności dzięki dostrojeniu się do Świadomości Chrystusowej.

Jezus powiedział: „Kiedy wywyższycie Syna człowieczego, wtedy poznacie, że nim jestem". Zdawał sobie sprawę, że jego ciało fizyczne ma pozostać na ziemi tylko przez chwilę, toteż wyjaśniał tym, dla których był zbawicielem, że kiedy jego ciało (syn człowieczy) odejdzie z tego świata, ludzie wciąż będą mogli znaleźć Boga i zbawienie poprzez wiarę i poznanie wszechobecnego jednorodzonego Syna Bożego. Jezus podkreślał, że ktokolwiek uwierzy w Jego ducha jako wcielonego weń Nieskończonego Chrystusa, odkryje drogę do życia wiecznego dzięki nauce interioryzowania i wznoszenia świadomości w medytacji.

„*Aby każdy, kto weń wierzy, nie zginął*". Kształty przyrody zmieniają się, lecz immanentna w niej Nieskończona Inteligencja zawsze pozostaje niezmienna, nietknięta przemianami ułudy. Dziecko, które z powodu swej emocjonalnej natury przywiązuje się do śniegowego bałwana, będzie płakać, gdy słońce podniesie się wysoko na niebie i roztopi go. Podobnie cierpią dzieci Boże, kiedy przywiążą się do podlegającego zmianom ludzkiego ciała, które przechodzi przez etapy niemowlęctwa, młodości, starości i śmierć. Lecz ci, którzy kierują swoją siłę życiową i świadomość do wewnątrz i koncentrują się na nieśmiertelnej iskrze duszy, widzą niebo, kiedy jeszcze są na ziemi; i urzeczywistniając transcendentną istotę życia, nie podlegają bólowi i cierpieniu właściwym powtarzającym się cyklom narodzin i śmierci.[1]

Majestatyczne słowa Jezusa w tym wersecie miały na celu przekazanie cudownie pokrzepiającej obietnicy zbawienia dla całej ludzkości. Lecz zamiast tego trwająca przez wieki błędna interpretacja prowadziła do nietolerancji, nienawiści i wojen, zbrodni inkwizycji i stwarzającego podziały potępienia.

„*Boć nie posłał Bóg Syna swego na świat, aby sądził świat, ale aby świat był zbawiony przezeń.*" „Świat" w tym wersecie oznacza całość Bożego stworzenia. Odbijając swoją inteligencję w stworzeniu, umożliwiającą konstrukcję zorganizowanego kosmosu, Pan nie planował stworzyć ograniczającego więzienia, w którym zamknięte dusze, chcąc nie chcąc, są uczestnikami *danse macabre* cierpienia i zniszczenia. Uczynił to, aby udostępnić siebie jako Siłę napędową, ponaglającą ludzkość do przejścia z przesłoniętego niewiedzą świata materialnego do oświeconego świata duchowego.

To prawda, że wibracyjne twórcze przejawienie Kosmicznej Inteligencji zapoczątkowało miriady atrakcji kosmicznego teatru, które stale oszołamiają człowieka, tak że odwraca się on od Ducha do życia materialnego, od Kosmicznej Miłości do miłosnych zadurzeń ludzkiego życia. Mimo to odczuwa się istniejący poza stworzeniem Absolut jako bardzo bliski dzięki odbiciu Jego Inteligencji w stworzeniu. W takim kontakcie wielbiciel poznaje, że Bóg zesłał Inteligencję Chrystusową (swego Jednorodzonego Syna) nie po to, aby stworzyć izbę tortur, lecz przeogromny kosmiczny film, którego sceny będą przez jakiś czas bawić, po czym aktorzy ostatecznie powrócą do Szczęśliwości Ducha.

W świetle takiego zrozumienia, niezależnie od okoliczności we względnym świecie, człowiek czuje związek z Kosmicznym Duchem i dostrzega olbrzymią Inteligencję Absolutu działającą we wszystkich względnych

---

[1] „Niebo się wywróci i ziemia w waszej obecności, a żywy z Żywego nie ujrzy śmierci ani strachu".
– *Ewangelia według świętego Tomasza*, werset 111. (*Nota Wydawcy*)
   Pan Kryszna tak mówi o nauce jogicznej w *Bhagawadgicie* (II:40): „Nawet maleńka cząstka tej prawdziwej religii przed wielkim ochrania strachem (olbrzymimi cierpieniami właściwymi powtarzającym się cyklom narodzin i śmierci)".

Dogmatyzm i polityka: jak zostało utracone prawdziwe znaczenie pojęcia „Syn jednorodzony"

Podobnie jak „Słowo" (zob. Rozdział III), tak i „Syn jednorodzony", w trakcie stopniowej ewolucji doktryny pod wpływem teologii i polityki, zaczęły oznaczać tylko osobę Jezusa. Szczegółową historię można znaleźć na przykład w: Richard E. Rubenstein, *When Jesus Became God: The Struggle to Define Christianity During the Last Days of Rome* (Gdy Jezus został Bogiem: walka o definicję chrześcijaństwa w ostatnich dniach Rzymu), Nowy Jork, Harcourt, 1999.

W pismach wielu gnostyków z pierwszych dwóch wieków nowej ery, w tym Bazylidesa, Teodota, Walentego i Ptolemeusza znajdujemy podobne pojmowanie „jednorodzonego Syna" jako zasady kosmicznej w stworzeniu – jako boskiego *Nous* (w języku greckim: inteligencja, umysł, myśl) – a nie jako osoby Jezusa.

Słynny Ojciec Kościoła, Klemens z Aleksandrii, cytuje z pism Teodora, że „Syn jednorodzony" jest *Nous* (*Excerpta ex Teodoto* 6.3). W *Gnosis: A Selection of Gnostic Texts* (Gnoza. Wybór tekstów gnostyckich) niemiecki uczony Werner Foerster cytuje Ireneusza, który pisze: „Bazylides podaje, że *Nous* ma początek w bezpoczątkowym Ojcu". Walenty, nauczyciel bardzo szanowany przez kongregację chrześcijańską w Rzymie około 140 r. n.e., miał według Foerstera, podobne poglądy. Wierzył, że „w *Prologu* do Ewangelii według świętego Jana wyrażenie «Jednorodzony» zastępuje słowo *Nous*".

Jednakże na soborze w Nicei (325 r. n.e.) i na późniejszym soborze w Konstantynopolu (381 r. n.e.) Kościół ogłosił jako oficjalną doktrynę, że sam Jezus jest, słowami nicejskiego wyznania wiary, „jednorodzonym Synem Bożym, zrodzonym z Ojca przed wszystkimi wiekami, Bogiem prawdziwym z Boga prawdziwego, światłością ze światłości, zrodzonym, a nie uczynionym, *homoousios* [z tej samej substancji co Ojciec]". Po soborze konstantynopolitańskim, jak pisze Timothy D. Barnes w *Athanasius and Constantius: Theology and Politics in the Constantinian Empire* (Atanazjusz i Konstantyn: teologia i polityka w cesarstwie Konstantyńskim), Harvard University Press, 1993), „cesarz zagwarantował jego postanowienia prawem i poddał chrześcijan, którzy nie akceptowali nicejskiego credo i jego przewodniego hasła homoousios, dyskryminacji prawnej. Jak od dawna wiadomo, wydarzenia te oznaczały przejście z jednej określonej epoki historii Kościoła Chrześcijańskiego i Cesarstwa Rzymskiego do następnej".

Od tej pory, wyjaśnia Richard R. Rubenstein w *When Jesus Became God* (Kiedy Jezus został Bogiem), oficjalna nauka Kościoła głosi, że kto nie akceptuje Jezusa jako Boga, odrzuca samego Boga. Przez wieki pogląd ten miał ogromne i często tragiczne skutki dla stosunków między chrześcijanami a żydami (a później muzułmanów, którzy uważali Jezusa za boskiego proroka, ale nie za Syna Bożego), a także dla ludów niechrześcijańskich w krajach później podbitych i skolonizowanych przez narody europejskie. *(Nota Wydawcy)* zjawiskach Przyrody. Każdy, kto wierzy w tę Inteligencję – Chrystusa – i koncentruje się na Niej, zamiast na Jej wytworach, znajduje zbawienie.

Myślenie, że Pan potępia niewierzących jako grzeszników, jest niedorzeczne. Jako że sam Pan mieszka we wszystkich istotach, takie potępienie byłoby wymierzone przeciwko Niemu Samemu. Bóg nie karze człowieka za brak wiary w Niego; to człowiek karze siebie. Jeśli ktoś nie wierzy w działanie generatora i przecina przewody łączące jego dom z tym źródłem energii, to traci korzyści, jakie daje elektryczność. Podobnie, zaprzeczanie istnieniu Inteligencji, wszechobecnej w całym stworzeniu, to pozbawianie świadomości połączenia ze Źródłem boskiej mądrości i miłości, które inspiruje proces wznoszenia się w Duchu.

Poznawanie immanencji Boga można zacząć po prostu od rozszerzania swojej własnej miłości tak, by zataczała coraz to szersze kręgi. Człowiek skazuje się na ograniczenia, ilekroć myśli tylko o swoim małym ja, własnej rodzinie, własnym narodzie. Proces ekspansji wpisany jest w ewolucję przyrody i człowieka na drodze powrotnej do Boga. Wyłączna świadomość rodziny – „nas czworo i nikt więcej" – jest błędem. Niedopuszczanie do siebie większej rodziny ludzkiej to niedopuszczanie Nieskończonego Chrystusa. Ktoś, kto oddziela się od szczęścia i dobra innych, już skazał się na oddzielenie się od Ducha, który przenika wszystkie dusze, bo ten, kto nie daje siebie w miłości i służbie Bogu obecnemu w innych istotach, lekceważy zbawczą siłę związku z uniwersalnym Chrystusem. Każdemu człowiekowi dano zdolność czynienia dobra. Jeśli nie umie korzystać z tej zdolności, to poziom jego ewolucji duchowej nie jest o wiele wyższy od poziomu zwierzęcia, instynktownie kierującego się własnym interesem.

Czysta miłość w sercach ludzkich promieniuje wszechobejmującą miłością Chrystusa. Stałe poszerzanie przez człowieka kręgu swojej miłości dostraja świadomość ludzką do świadomości jednorodzonego Syna. Miłość do członków rodziny to pierwszy krok w rozszerzaniu własnej miłości na tych w pobliżu; miłość do wszystkich ludzi bez względu na rasę i narodowość to poznanie miłości Chrystusa.

Jedynie Bóg jako wszechobecny Chrystus odpowiedzialny jest za wszystkie przejawy życia. Pan maluje wspaniały pejzaż nieustannie zmieniających się chmur na niebie. Tworzy ołtarze swego wonnego piękna w postaci kwiatów. We wszystkim i wszystkich – przyjaciołach i wrogach; w górach, lasach, oceanie, powietrzu, w pełnym galaktyk sklepieniu niebieskim obracającym się wysoko nad tym wszystkim – wielbiciel Chrystusa widzi jedno zlewające się w harmonijną całość światło Boga. Odkrywa, że miriady przejawów tego jednego Światła, często pozornie chaotycznie uwikłanych w konflikty i sprzeczności, zostały stworzone Inteligencją Boga nie po to, aby mamić ludzi lub ich nękać, lecz aby ich nakłonić do szukania Nieskończonego, z Którego powstali. Ten, kto patrzy nie na części, lecz na całość, dostrzega cel stworzenia: że wszyscy bez wyjątku zdążamy niepowstrzymanie ku powszechnemu zbawieniu. Wszystkie rzeki płyną do oceanu; rzeki naszych żywotów płyną do Boga.

Fale na powierzchni oceanu ciągle się zmieniają, bawiąc się z wiatrem i siłami pływów, lecz ich oceaniczna istota pozostaje ta sama. Ten, kto koncentruje się na jednej oddzielnej fali życia, będzie cierpiał, ponieważ fala jest zmienna i nietrwała. Oto, co rozumiał Jezus przez słowo „potępiony": skupiając uwagę tylko na ciele człowiek kreuje swe własne potępienie, oddzielając się od Boga. Aby zostać zbawionym, musi na nowo uświadomić sobie nierozdzielną jedność z Boską Immanencją.

„Na jawie, gdy jem, pracuję, śnię, śpię,
służę, medytuję, śpiewam mantry, kocham boską miłością,
dusza moja stale nuci, niesłyszalnie dla innych:
Boże! Boże! Boże!" [2]

W ten sposób człowiek pozostaje stale świadomy swojego połączenia z niezmienną Boską Inteligencją – Absolutną Dobrocią u podstaw skłaniających do refleksji zagadek stworzenia.

„*Kto wierzy weń, nie będzie osądzony; ale kto nie wierzy, już jest osądzony.*" Słowa te podkreślają także rolę "wiary" w potępienie albo zbawienie człowieka. Ludzie, którzy nie rozumieją immanencji Absolutu we względnym świecie, mają skłonność do sceptycyzmu albo dogmatyzmu, ponieważ w obu tych przypadkach ich religijność zasadza się na ślepej wierze. Nie

---

[2] Z *Songs of the Soul* (Pieśni duszy) Paramahansy Joganandy (wydanych przez Self-Realization Fellowship).

mogąc pogodzić idei dobrego Boga z pozornym złem w stworzeniu, sceptyk odrzuca wierzenia religijne tak uparcie, jak dogmatyk się ich trzyma.

Prawdy nauczane przez Jezusa wykraczały daleko poza ślepą wiarę, która wzmacnia się lub słabnie zależnie od sprzecznych stwierdzeń kapłana i cynika. Na początkowym etapie rozwoju duchowego wiara jest konieczna do przyjęcia koncepcji Boga. Koncepcja ta musi jednak zmienić się w pewność, w doświadczenie. Wiara jest prekursorem przekonania; aby czegoś właściwie dociekać, człowiek musi w to wierzyć. Jeśli jednak zadowala się tylko wiarą, staje się ona dogmatem – oznaką ciasnoty umysłu wykluczającej poznanie prawdy i rozwój duchowy. Konieczne jest zebranie, na glebie wiary, plonu bezpośredniego doświadczenia i łączności z Bogiem. Takie nie ulegające wątpliwości poznanie, nie zaś sama wiara, zbawia ludzi.

Jeśli ktoś mi mówi: Wierzę w Boga, pytam go: Dlaczego wierzysz? Skąd wiesz, że Bóg istnieje? Jeśli odpowiedź oparta jest na przypuszczeniu lub wiedzy z drugiej ręki, mówię, że nie wierzy naprawdę. Aby być pewnym, trzeba mieć dowody na poparcie tej pewności; inaczej jest to tylko dogmat, łatwy łup dla sceptyka.

Gdybym wskazał na fortepian, twierdząc, że to słoń, rozum inteligentnego człowieka zaprotestowałyby przeciwko takiemu absurdowi. Podobnie, kiedy propaguje się dogmaty o Bogu niepotwierdzone doświadczeniem lub rzeczywistym poznaniem, to prędzej czy później, spotkawszy się z przeciwnym doświadczeniem, rozum zniszczy spekulacjami prawdę tych idei. W miarę jak palące promienie słońca analitycznych dociekań stają się coraz dotkliwsze, słabe, niepotwierdzone wierzenia więdną i schną, pozostawiając pustynię wątpliwości, agnostycyzmu i ateizmu.

Naukowa medytacja, wykraczając poza zwykłą filozofię, dostraja świadomość do najwyższej, potężnej prawdy; z każdym krokiem praktykujący zbliża się do prawdziwego poznania i unika błądzenia po omacku. Kontynuowanie wysiłków, aby zweryfikować to, w co wierzymy i tego doświadczyć na drodze intuicyjnego poznania, które można osiągnąć metodami jogi, prowadzi do prawdziwie duchowego życia, odpornego na wątpliwości.

Wierzenia religijne są potężną siłą, jeśli prowadzą do pragnienia i determinacji, by doświadczyć Chrystusa. Oto, co miał na myśli Jezus, zachęcając ludzi, aby „wierzyli w imię jednorodzonego Syna Bożego": W medytacji wycofuj świadomość i siłę życiową ze zmysłów i materii, aby intuicyjnie wyczuć *Aum*, Słowo, czyli wszechprzenikającą Wibracyjną Energię Kosmiczną, która jest „imieniem" lub aktywnym przejawem Świadomości Chrystusowej. Można stale utrzymywać intelektualną wiarę w Jezusa Chrystusa; jeśli jednak nie doświadczy się naprawdę Kosmicznego Chrystusa jako jednocześnie wszechobecnego i wcielonego w Jezusa, duchowa przydatność tej wiary nie wystarczy do zbawienia.

Nikt nie zostanie zbawiony tylko dzięki ciągłemu powtarzaniu imienia Pana lub chwaleniu Go crescendami *alleluja*. Niemożliwe jest przyjęcie wyzwalającej mocy nauk Jezusa poprzez ślepą wiarę w Jego imię ani adorację Jego osoby. Prawdziwe wielbienie Chrystusa jest boską komunią postrzegania Chrystusa w pozbawionej ścian świątyni rozszerzonej świadomości.

Bóg nie odzwierciedliłby siebie jako swego „jednorodzonego Syna" w świecie po to, by działał jak nieubłagany detektyw, tropiący niewierzących, aby ich ukarać. Zbawcza Inteligencja Chrystusowa, mieszkająca w sercu każdej duszy bez względu na to, ile dusza ta nagromadziła w ciele grzechów czy cnót, czeka z nieskończoną cierpliwością, aż obudzi się ona w medytacji z narkotycznego snu ułudy i otrzyma łaskę zbawienia. Człowiek, który wierzy w tę Inteligencję Chrystusową i który duchowym działaniem podtrzymuje pragnienie dążenia do zbawienia poprzez wznoszenie się w tej odzwierciedlonej świadomości Boga, nie musi już dłużej po omacku błąkać się po mamiących ścieżkach błędów. Miarowymi krokami zbliża się pewnie do zbawczej Nieskończonej Łaski. Natomiast niewierzący, który wyszydza myśl o Zbawicielu, jedynej drodze do zbawienia, dopóki nie obudzi się duchowo, skazuje się na wynikającą z koncentrowania się na ciele niewiedzę i jej konsekwencje.

❖ ❖ ❖

„A ten ci jest sąd, że światłość przyszła na świat, lecz ludzie bardziej umiłowali ciemność niż światłość; bo były złe uczynki ich. Każdy, bowiem, kto źle czyni, nienawidzi światłości i nie idzie ku światłości, aby nie były zganione uczynki jego. Lecz kto czyni prawdę, przychodzi do światłości, aby były jawne uczynki jego, iż w Bogu są uczynione (J 3:19-21).

Wszechprzenikające światło Boże, przepojone kosmiczną Inteligencją Chrystusową, bezgłośnie emanuje boską miłością i mądrością i kieruje wszystkie istoty z powrotem do Nieskończonej Świadomości. Dusza, jako mikrokosmos Ducha, jest stale obecnym światłem w człowieku, które prowadzi go przy pomocy rozróżniającego rozumu i intuicyjnego głosu sumienia; zbyt często jednak człowiek usprawiedliwia swoje pożądliwe nawyki i kaprysy i nie słucha wewnętrznego głosu. Kuszony przez Szatana kosmicznej ułudy, wybiera postępowanie, które przesłania światło wewnętrznego rozróżniania.

Grzech i wynikające z niego cierpienie fizyczne, psychiczne i duchowe biorą się zatem z tego, że boska inteligencja duszy i jej zdolność rozróżniania są ograniczane nadużywaniem danej jej przez Boga wolności wyboru. Chociaż z powodu niezrozumienia ludzie przypisują Bogu swoje własne mściwe skłonności, jednak „potępienie", o którym mówił Jezus, nie jest karą wymierzaną przez tyrańskiego Stwórcę, lecz skutkiem, jaki człowiek ściąga na siebie własnym postępowaniem, zgodnie z prawem przyczyny i skutku (karmy) i prawem nawyku.

Ulegając pragnieniom, które sprawiają, że świadomość ludzka koncentruje się na materii i pozostaje przykuta do materialnego świata – w „ciemności", czyli gęstej sferze kosmicznego stworzenia, gdzie oświetlająca Boska Obecność jest silnie przesłonięta cieniami ułudy majicznej – pogrążone w mrokach niewiedzy dusze, utożsamiane przez człowieka ze śmiertelnym ego, ciągle pozwalają sobie na błędne postępowanie w życiu, które potem mocno utrwala się w mózgu w postaci złych nawyków zgubnych zachowań.

Mówiąc, że ludzie kochają bardziej ciemność niż światło, Jezus miał na myśli to, że materialne nawyki trzymają miliony ludzi z dala od Boga. Nie twierdził, że wszyscy ludzie kochają ciemność – mówił tylko o tych, którzy nie starają się oprzeć pokusom Szatana, obierając łatwą drogę ulegania złym nawykom i w ten sposób zanurzają się w mrokach doczesnej świadomości. Zagłuszają oni głos Świadomości Chrystusowej, szepczący w ich sumieniu, i z tego powodu unikają nieskończenie bardziej kuszącego doświadczania radości, jaką mogliby się cieszyć dzięki dobrym nawykom, do których tworzenia nakłania ich prowadzące światło mądrości w ich duszach.

❖ ❖ ❖

Zatem, Jezus kładzie nacisk na to, że światło przebudzenia duszy może usunąć ze świadomości człowieka zgubny nawyk preferowania ułudnych mroków materialności. Dzięki nieustającej woli regularnej i głębokiej medytacji, człowiek uzyskuje dający najwyższe zadowolenie, pełen szczęśliwości kontakt z Bogiem i może przywołać radość tego stanu do swojej świadomości o każdej porze, w każdym miejscu.

„Jedno" czyli duchowe oko

„Jeśli więc oko twoje będzie jedno, całe ciało będzie pełne światłości. Lecz jeśli oko twoje będzie złe, całe ciało będzie pełne ciemności. Jeśli zatem światło, które jest w tobie, jest ciemnością, jakże ta ciemność musi być wielka!"* (Mt 6:22-23).

Światłem w ciele, objawiającym Boga, jest pojedyncze oko w środku czoła, widziane w głębokiej medytacji – brama do Obecności Bożej. Patrząc duchowym okiem, wielbiciel może widzieć całe swoje ciało, jak również swoje ciało kosmiczne, wypełnione boskim światłem emanującym z kosmicznej wibracji.

Skupiając spojrzenie obojga oczu w punkcie między brwiami w zinterioryzowanej koncentracji podczas medytacji, można zogniskować dodatnią-ujemną energię optyczną prawego i lewego oka, łącząc oba te prądy w pojedynczym oku boskiego światła. Pogrążony w niewiedzy i materialnym świecie człowiek nic nie wie o tym świetle. Lecz każdy, kto choć trochę praktykował medytację, może je od czasu do czasu zobaczyć. Bardziej zaawansowany praktykant widzi to światło, kiedy chce, z zamkniętymi bądź otwartymi oczyma, w świetle dziennym lub w ciemności. Wysoko rozwinięty uczeń może oglądać to światło tak długo, jak zapragnie; a kiedy jego świadomość potrafi przeniknąć do tego światła, wchodzi on w najwyższe stany transcendentnego poznania.

Lecz kiedy spojrzenie i umysł odwrócone są od Boga, a człowiek skupia się na złych zamiarach i działaniach w świecie, jego życie wypełnia ciemność wynikającej z ułudy niewiedzy, duchowa obojętność i rządzą nim nawyki prowadzące do nieszczęścia. Wewnętrzne kosmiczne światło i mądrość pozostają ukryte. „Jakże ta ciemność musi być wielka" dla człowieka pogrążonego w materii, skoro wie tak mało albo nie wie nic o boskiej rzeczywistości, przyjmując z radością lub niechęcią wszystko, co oferuje mu ułuda. Życie w takiej zgubnej niewiedzy nie jest właściwym życiem dla wcielonej świadomości duszy.

Człowiek uduchowiony – który ma ciało i umysł prześwietlone astralnym światłem i mądrością, bez cieni fizycznej i umysłowej ciemności, i który widzi cały kosmos wypełniony Bożym światłem, mądrością i radością – w którym światło samourzeczywistnienia w pełni się przejawia, odczuwa nieopisaną radość i prowadzi go bezustannie boska mądrość.

❖ ❖ ❖

Dopóki człowiek pozostaje odurzony złymi myślami i nawykami, jego mroczna umysłowość będzie odrzucać światło prawdy. Nawyki jednak mają jedną dobrą stronę: rzadko dotrzymują swoich obietnic. W końcu odkrywamy, że są notorycznymi kłamcami. Dlatego dusze nie mogą być wiecznie oszukiwane ani niewolone. Chociaż ludzie ze złymi nawykami początkowo wzdragają się na myśl o lepszym stylu życia, to jednak, gdy mają już dość złego postępowania i zaczynają odczuwać przesyt, a także, gdy ponieśli już wystarczające konsekwencje, zwracają się ku Bogu, szukając pocieszenia w świetle Jego mądrości, wbrew głęboko zakorzenionym złym nawykom, które będą musieli jeszcze przezwyciężyć. Jeśli nieprzerwanie próbują żyć w harmonii z Prawdą, to w jej świetle uświadamiają sobie radość i wewnętrzny spokój uzyskany dzięki samoopanowaniu i dobrym nawykom.

„*Lecz kto czyni prawdę, przychodzi do światłości, aby były jawne uczynki jego, iż w Bogu są uczynione*". [...] Poszukujący Boga, starając się każdego dnia zmienić coś, co nie jest dobre w jego naturze, stopniowo wykracza poza ograniczenia starego, zniewolonego nawykami postępowania. Jego czyny i samo jego życie odmieniają się bowiem, „w Bogu są uczynione"; zaprawdę, rodzi się na nowo. Trzymając się dobrego nawyku codziennej naukowej medytacji, widzi on i jest chrzczony światłem Chrystusowej mądrości, boskiej energii Ducha Świętego, które rzeczywiście niszczy elektryczne połączenia w mózgu, powstałe wskutek złych nawyków myślenia i działania. Jego duchowe oko intuicyjnego postrzegania jest otwarte, zapewniając mu nie tylko nieomylne prowadzenie na drodze życia, lecz także widzenie i wstęp do niebieskiego królestwa Boga – i ostatecznie, jedność z Jego wszechobecną świadomością.

CZĘŚĆ III

Jezusowa joga Boskiej Miłości

Ilustrował Heinrich Hofmann

Kazanie na Górze

ROZDZIAŁ 7

Błogosławieństwa

A otworzywszy usta swe, uczył je mówiąc: Błogosławieni ubodzy w duchu; albowiem ich jest królestwo niebieskie (Mt 5:2-3).

Równoległe źródło:

A on podniósłszy oczy swoje na uczniów, mówił: Błogosławieni jesteście wy, ubodzy! bo wasze jest królestwo Boże (Łk 6:20).

Podczas nauczania Jezus wysyłał, poprzez głos, a także oczy, swą boską siłę życiową i pełne miłości Bożej wibracje, które rozprzestrzeniały się na uczniów, napełniając ich i sprawiając, że się spokojnie dostrajali do pełnego odbioru Jego mądrości poprzez intuicyjne rozumienie.

Liryczne wersety rozpoczynające się od słów Jezusa: „Błogosławieni, którzy..." stały się znane jako Błogosławieństwa. „Błogosławić" znaczy „niezwykle uszczęśliwiać"; błogosławieństwo oznacza szczęśliwość, niebiańską błogość. Jezus z mocą i prostotą ustanawia tu doktrynę zasad moralnych i duchowych, które przetrwały niezmienione przez całe wieki – zasad, dzięki którym życie ludzkie staje się błogosławione, wypełnione niebiańskim szczęściem.

Słowo „ubodzy", w takim znaczeniu, w jakim zostało ono użyte w pierwszym Błogosławieństwie, oznacza brak jakiejkolwiek zewnętrznej, powierzchownej ostentacji duchowego bogactwa. Ci, którzy są prawdziwie uduchowieni, nigdy nie popisują się ostentacyjnie swoją duchowością; raczej wyrażają w sposób całkiem naturalny ubóstwo własnego ego i jego chełpliwych przejawów. Być „ubogim w duchu" to uwolnić swą wewnętrzną istotę, swego ducha, od pragnienia i przywiązania do przedmiotów materialnych, doczesnego majątku, nastawionych materialnie przyjaciół, egoistycznej ludzkiej miłości. Dzięki takiemu oczyszczeniu przez wewnętrzne wyrzeczenie dusza odkrywa, że od zawsze posiada wszelkie bogactwa Wiecznego Królestwa Mądrości i Szczęścia, i od zawsze w nim przebywa, stale obcując z Bogiem i Jego świętymi.

Ubóstwo „w duchu" nie oznacza, że człowiek koniecznie powinien być nędzarzem, bowiem podstawowe potrzeby cielesne, gdy niezaspokojone, odciągają umysł od Boga. Z pewnością jednak oznacza, że nie powinien on zadowalać się bogactwem materialnym kosztem bogactwa duchowego. Ludzie bogaci materialnie mogą być biedakami w rozwoju duchowym, jeśli bogactwo całkowicie absorbuje ich zmysły, natomiast ci, którzy są z wyboru „biedni" materialnie – którzy uprościli swoje warunki bytowe, aby mieć czas dla Boga – zgromadzą duchowe bogactwa i osiągną spełnienie, którego nie kupi im żadne złoto.

Dlatego Jezus chwali te dusze, które są ubogie w duchu i które, nie przywiązując się do swych doczesnych celów i bogactwa, w zamian poszukują Boga i służą innym: „Błogosławieni jesteście za swoje ubóstwo. Otworzy ono bramy królestwa Boga, który zaspokaja wszelkie potrzeby i który was uwolni zarówno od materialnego, jak i duchowego niedostatku na całą wieczność. Błogosławieni jesteście, którzy potrzebujecie i szukacie Tego, który jedyny może na zawsze uwolnić was od wszelkich niedoskonałości!".

Gdy duch ludzki mentalnie wyrzeknie się pragnienia przedmiotów tego świata, wiedząc, że są iluzoryczne, zniszczalne, zwodnicze i nie przystoją duszy, zaczyna znajdować prawdziwą radość w nabywaniu dających trwałe zadowolenie przymiotów duszy. Pokornie wiodąc na zewnątrz proste życie pełne wewnętrznych wyrzeczeń, zanurzony w niebiańskiej rozkoszy i mądrości duszy, wielbiciel ostatecznie przejmuje dziedzictwo utraconego królestwa wieczystej szczęśliwości.

❖ ❖ ❖

Błogosławieni, którzy się smęcą; albowiem pocieszeni będą (Mt 5:4).

Źródło równoległe:

Błogosławieni jesteście, którzy teraz płaczecie; bo się śmiać będziecie (Łk 6:21).

Ukłucia żalu, od których cierpi zwykły człowiek, rodzą się z opłakiwania utraty ludzkiej miłości lub materialnego dobytku, albo z niespełnienia doczesnych nadziei. Jezus nie pochwalał tego negatywnego stanu umysłu, bo przesłania on radość i całkowicie utrudnia zachowanie duchowej szczęśliwości uzyskanej żmudnym wysiłkiem w medytacji. Mówił On o tej boskiej melancholii, która wynika z budzącej się świadomości oddzielenia od Boga, rodzącej w duszy nienasyconą tęsknotę za ponownym połączeniem się z Wiecznym Umiłowanym. Ci, którzy prawdziwie płaczą za Bogiem, którzy bezustannie, ze stale rosnącą żarliwością przyzywają Go w medytacji, znajdą pocieszenie w Szczęśliwości i Mądrości objawionej im przez Boga.

Duchowo niedbałe dzieci Boże znoszą bolesne doświadczenia życiowe z pełną urazy i braku wiary rezygnacją, zamiast skutecznie zabiegać o Bożą pomoc. Tymczasem to właśnie uroczo naprzykrzające się dziecko, domagając się ciągle wiedzy duchowej, przyciąga w końcu odpowiedź Boskiej Matki. Do swego upartego dziecka Miłosierna Matka przychodzi z pociechą miłości i mądrości, objawiając mu się poprzez intuicję albo ulotnie ukazując siebie. Żadne zastępcze pocieszenie nie zdoła natychmiast złagodzić bólu osierocenia w niezliczonych inkarnacjach.

Ci, których duchową żałobę koi materialne spełnienie, znów pogrążą się w smutku, gdy te kruche środki bezpieczeństwa zostaną im odebrane przez okoliczności życiowe lub śmierć. Natomiast ci, którzy płaczą za Prawdą i Bogiem, i nic innego nie jest w stanie ich uciszyć, zostaną pocieszeni na wieczność w objęciach Szczęśliwości – Boga.

„Błogosławieni jesteście, którzy teraz wołacie o urzeczywistnienie Boga w sobie, albowiem osiągniecie je dzięki tej tylko upartej tęsknocie. Znajdując coraz to nową radość w boskim obcowaniu, będziecie się śmiać i radować przez całą wieczność!".

❖ ❖ ❖

Błogosławieni cisi; albowiem oni odziedziczą ziemię (Mt 5:5).

Pokora i cichość sprawiają, że człowiek staje się jak pojemnik bez dna, otwarty na przyjmowanie Prawdy. Dumny, drażliwy człowiek, jak przysłowiowy toczący się kamień, stacza się ze wzgórza niewiedzy, ale nie obrasta mchem mądrości, podczas gdy ciche dusze, spokojne w dolinie ochoczej psychicznej gotowości zbierają wody mądrości, płynącej ze źródeł ludzkich i boskich, które nawadniają kwitnącą dolinę ich zalet.

Apodyktyczny egotysta łatwo wpada w złość, urażony broni się i staje się napastliwy. Odstrasza wysłanników mądrości, szukających wejścia do zamku jego życia. Natomiast cisi, pokornie otwarci przyciągają niewidzialną pomoc dobroczynnych aniołów sił kosmicznych, oferujących materialną, psychiczną i duchową pomyślność. Tak więc, cisi duchem dziedziczą nie tylko wszelką mądrość, ale wraz z nią również ziemię, czyli doczesne szczęście.

❖ ❖ ❖

Błogosławieni, którzy łakną i pragną sprawiedliwości; albowiem oni nasyceni będą. (Mt 5:6)

Źródło równoległe:

Błogosławieni jesteście, którzy teraz łakniecie; bo będziecie nasyceni. (Łk 6:21)

Słowa „pragną" i „łakną" stanowią trafną metaforę ludzkich poszukiwań duchowych. Najpierw człowiek musi mieć pragnienie wiedzy teoretycznej, jak osiągnąć zbawienie. Kiedy już ugasi pragnienie dzięki poznaniu praktycznej techniki prawdziwego kontaktowania się z Bogiem, może zaspokoić wewnętrzny głód Prawdy, codziennie zajadając się boską manną duchowej percepcji będącej rezultatem medytacji.

Ci, którzy szukają zaspokojenia w rzeczach materialnych, odkrywają, że ich głód nigdy nie zostaje zaspokojony nabywaniem majątku. Występująca u każdego człowieka potrzeba wypełnienia wewnętrznej pustki wynika z żywionego przez duszę pragnienia Boga. Można je zaspokoić jedynie przez uświadomienie sobie własnej nieśmiertelności i niezniszczalnego stanu boskości w jedności z Bogiem. Kiedy człowiek niemądrze usiłuje ugasić pragnienie duszy substytutami poczucia szczęścia, przerzuca się z jednej przemijającej przyjemności na drugą, ostatecznie odrzucając je wszystkie jako niewystarczające.

Przyjemności zmysłowe przynależą do ciała i niższego umysłu; nie dostarczają one pożywienia najgłębszemu jestestwu człowieka. Duchowy głód, na który cierpią wszyscy usiłujący utrzymać się z tego, co oferują zmysły, zaspokaja tylko prawość – czyny, postawy i cechy, które są odpowiednie dla duszy – cnota, duchowe zachowanie, szczęśliwość, nieśmiertelność. Prawość oznacza słuszne działanie w fizycznej, psychicznej i duchowej sferze życia. Ludzie, którzy odczuwają wielkie pragnienie i głód spełniania najważniejszych obowiązków życiowych, uzyskują zawsze nową szczęśliwość Bożą: „Błogosławieni jesteście, którzy pragniecie mądrości i którzy szanujecie cnotę i prawość, jako prawdziwy pokarm zaspokajający wewnętrzny głód, albowiem wy cieszyć się będziecie prawdziwym szczęściem, jakie niesie tylko pozostawanie wiernym boskim ideałom – niezrównanym zadowoleniem serca i duszy".

❖ ❖ ❖

Błogosławieni miłosierni; albowiem oni miłosierdzia dostąpią. (Mt 5:7)

Miłosierdzie to coś jakby ojcowska rozpacz z powodu wad błądzącego dziecka. Jest to wrodzona cecha Boskiej Natury. Opowieść o życiu Jezusa pełna jest opisów miłosierdzia nad wyraz pięknie przejawiającego się w Jego czynach i osobowości. Widzimy, że w doskonałych synach Bożych przejawia się ukryty, transcendentny Ojciec, taki, jakim jest. Bóg Mojżesza jest przedstawiany jako gniewny Bóg, (chociaż nie wierzę, by Mojżesz, który rozmawiał z Bogiem „twarzą w twarz, tak jak człowiek rozmawia z przyjacielem", kiedykolwiek myślał o Bogu, jako o mściwym tyranie, tak jak to przedstawia Stary Testament). Tymczasem Bóg Jezusa był bardzo łagodny. Jezus przejawił tę właśnie łagodność i miłosierdzie Ojca, kiedy zamiast osądzić i zniszczyć nieprzyjaciół, którzy Go krzyżowali, prosił Ojca, aby im wybaczył, albowiem „nie wiedzą, co czynią".

Z Bożą cierpliwością w sercu Jezus spoglądał na ludzkość jak na małe dzieci, które nie rozumieją. Kiedy maleńkie dziecko podniesie nóż i uderzy nim w ciebie, nie będziesz chciał go zabić w odwecie. Ono nie zdaje sobie sprawy z tego, co zrobiło. Jeśli ktoś patrzy na ludzi tak jak miłujący ojciec, który dba o swoje dzieci i gotów jest za nie cierpieć, aby mogły otrzymać odrobinę słońca i mocy z jego ducha, to staje się podobny Chrystusowi: jest Bogiem w działaniu.

Tylko mędrcy potrafią być naprawdę miłosierni, albowiem mając boski wgląd, postrzegają nawet złoczyńców, jako dusze – dzieci Boże, które zasługują na współczucie, przebaczenie, pomoc i prowadzenie, gdy zbaczają z drogi. Miłosierdzie sugeruje zdolność do niesienia pomocy; jedynie dusze rozwinięte albo z odpowiednim przygotowaniem potrafią być praktycznie i miłosiernie użyteczne. Miłosierdzie przejawia się wtedy, gdy ojcowskie zbolałe serce potafi złagodzi surowość rygorystycznego sądu i nie tylko przebacza, ale i oferuje rzeczywistą pomoc duchową w usunięciu popełnionego błędu.

Słaby moralnie, lecz pragnący być dobrym, grzesznik (ten, kto wykracza przeciwko własnemu szczęściu, lekceważąc boskie prawa), a także człowiek fizycznie zniedołężniały, upośledzony umysłowo, pogrążony w duchowej niewiedzy – wszyscy oni potrzebują miłosiernej pomocy od dusz, których wewnętrzny rozwój kwalifikuje do udzielania pełnej wyrozumiałości pomocy. Słowa Jezusa napominają wielbiciela: „Aby pozyskać miłosierdzie Boże, bądź miłosierny dla siebie, rozwijając się duchowo, i bądź miłosierny dla innych omamionych dzieci Bożych. Ludzie, którzy bez przerwy, na wszelkie sposoby się rozwijają i którzy miłosiernie odczuwają i łagodzą brak wszechstronnego rozwoju u innych, z pewnością rozczulą serce Boga i pozyskają dla siebie Jego nieskończone i niezrównanie pomocne miłosierdzie".

❖ ❖ ❖

Błogosławieni czystego serca; albowiem oni Boga oglądają. (Mt 5:8)

Spełnionym przeżyciem religijnym jest bezpośrednie doświadczenie Boga, co wymaga oczyszczenia serca. Co do tego zgadzają się wszystkie pisma święte. *Bhagawadgita*, nieśmiertelne indyjskie dzieło o jodze, oparte na naukowych podstawach pismo święte o zjednoczeniu z Bogiem, mówi o stanie błogosławieństwa i boskiej percepcji uzyskanej przez człowieka, który osiągnął takie wewnętrzne oczyszczenie:

Jogin, który całkowicie opanował umysł i okiełznał emocje, uwolniwszy je od wszelkich nieczystości, i który jest jednym z Duchem – ten, zaprawdę osiągnął najwyższą szczęśliwość.

Z duszą zjednoczoną z Duchem dzięki jodze, patrząc jednako na wszystkie rzeczy, jogin ogląda siebie (zjednoczonego z Duchem) we wszystkich stworzeniach i wszystkie stworzenia w Duchu.

Kto Mnie postrzega we wszystkim i wszystko we Mnie postrzega, ten nigdy nie traci Mnie z oczu, ani Ja go z oczu nie tracę! (BG VI:27, 29-30)

Od czasów starożytnych indyjscy *ryszi* rozpatrywali istotę prawdy i opisywali szczegółowo jej praktyczne znaczenie dla człowieka. Patańdżali, słynny mędrzec, znawca nauki jogicznej, rozpoczyna swoje *Jogasutry*, oświadczając: *Joga ćitta wrtti nirodha* – „Joga (zjednoczenie z Bogiem) to powściągnięcie zjawisk *ćitty* (wewnętrznego «serca», czyli zdolności czucia; «serce» to ogólny termin oznaczający całą zawartość umysłu, która stwarza inteligentną świadomość"). Zarówno rozum, jak i uczucia wywodzą się z tej wewnętrznej zdolności, jaką posiada inteligentna świadomość.

Mój szacowny guru, swami Śri Jukteśwar, jeden z pierwszych guru w czasach współczesnych, który odkrył jedność nauk Chrystusa z indyjską *Sanathana Dharmą*, pisał szczegółowo o tym, że duchowa ewolucja człowieka polega na oczyszczeniu serca. Ze stanu, w którym świadomość jest całkowicie omamiona *mają* („zaciemnionego serca"), człowiek przechodzi kolejno przez etapy aktywnego serca, niezachwianego serca, oddanego serca i ostatecznie osiąga stan czystego serca, w którym, jak pisze Śri Jukteśwardźi, „staje się on zdolny do zrozumienia Duchowego Światła, Brahmana [Ducha], Prawdziwej Substancji wszechświata[1]".

Boga widzi się oczyma duszy. Każda dusza w swoim naturalnym stanie jest wszechwiedząca i ogląda Boga, czyli Prawdę, bezpośrednio drogą intuicji. I czysty rozum, i czyste uczucie, są intuicyjne; lecz kiedy rozum skrępowany jest intelektualizmem ograniczonego zmysłami umysłu, a uczucie przeradza się w egoistyczną emocję, to wtedy te narzędzia duszy zniekształcają percepcję.

Celem tego Błogosławieństwa jest przywrócenie jasności boskiego wzroku. Szczęśliwość znana doskonale czystemu sercu to nic innego jak to, o czym mówi Ewangelia według świętego Jana: „Lecz wszystkim, którzy Go przyjęli, dał moc stania się synami Bożymi". Każdemu wielbicielowi, który przyjmuje i odbija wszechobecne Światło Boże, czyli

---

[1] Zob. Swami Śri Jukteśwar, *The Holy Science* („Święta wiedza"), Rozdział 3, sutry 23 – 32, wyd. Self-Realization Fellowship. (Wydano w języku polskim w 1894 r., przekład B.K. i w 1957 r. na powielaczu.)

Świadomość Chrystusową, dzięki klarownej przejrzystości oczyszczonego serca i umysłu, Bóg daje moc odzyskania szczęśliwości boskiego synostwa, tak jak odzyskał ją Jezus.

Przejrzystość Prawdy pielęgnuje się uwalniając świadomość, uczucie serca i rozum umysłu, od dualistycznych wpływów atrakcji i awersji. Rzeczywistość nie może się dokładnie odbijać w świadomości wzburzonej przez upodobania i niechęci oraz przez wzbudzane przez nie niespokojne namiętności i pragnienia, które budzą emocje mącące spokój – złość, zazdrość, chciwość, kapryśne nastroje. Natomiast, gdy *ćitta* – ludzkie poznanie i odczuwanie – uspokojona zostaje medytacją, zwykle wzburzone ego poddaje się błogiemu spokojowi duchowej percepcji.

Czystość rozumu daje człowiekowi zdolność poprawnego rozumowania, natomiast czystość serca – kontakt z Bogiem.

Intelektualność to cecha zdolności rozumowania, a mądrość to wyzwalająca cecha duszy. Kiedy rozum jest oczyszczony przez spokojne rozeznanie, przekształca się w mądrość. Czysta mądrość i boskie rozumienie czystym sercem to dwie strony tej samej zdolności. Istotnie, czystość serca, czyli uczucia, o której mówi Jezus, zależy od kierowania się we wszystkich działaniach mądrością rozróżniania – dopasowania ludzkich postaw i zachowań do świętych cech duszy – miłości, miłosierdzia, służby, samoopanowania, samodyscypliny, sumienia i intuicji. Czysty wzrok mądrości musi iść w parze z nieskalanym uczuciem serca. Mądrość ukazuje słuszną drogę, a oczyszczone serce pragnie i miłuje kroczyć tą drogą. Wszystkie ujawnione przez mądrość cechy duszy należy przejawiać w życiu, wkładając w to całe serce (nie tylko intelektualnie czy teoretycznie).

Przesłonięty wzrok człowieka rozpoznaje jedynie grube powłoki materii, lecz ślepy jest na wszechprzenikającego Ducha. Dzięki doskonałemu połączeniu czystego rozróżniającego rozumu i czystego uczucia otwiera się przenikliwe oko wszystko ujawniającej intuicji i wielbiciel uzyskuje prawdziwą wizję Boga jako obecnego w jego własnej duszy i wszechobecnego we wszystkich istotach – Boski Mieszkaniec, którego naturą jest harmonijne połączenie nieskończonej mądrości i nieskończonej miłości.

❖ ❖ ❖

Błogosławieni pokój czyniący; albowiem oni synami Bożymi nazwani będą (Mt 5:9).

Prawdziwie czyniącymi pokój są ci, którzy budują spokój w pełnej oddania praktyce codziennej medytacji. W medytacji spokój jest pierwszym przejawem odpowiedzi Boga. Ci, którzy znają Boga jako Spokój w wewnętrznej świątyni ciszy i wielbią w niej ten Spokój-Boga, dzięki tej komunii z Nim są Jego prawdziwymi dziećmi.

Odczuwszy naturę Boga jako wewnętrzny spokój, wielbiciele pragną, aby Spokój-Bóg był zawsze obecny w ich domach, w otoczeniu, w narodzie, pośród wszystkich narodowości i ras. Każdy, kto wnosi spokój do skłóconej rodziny, wprowadza do niej Boga. Każdy, kto usuwa nieporozumienia między duszami, jednoczy je w Bożym pokoju. Każdy, kto wyrzeka się zachłanności i egoizmu swego narodu, działa na rzecz pokoju między walczącymi narodami, ustanawia Boga w sercach tych narodów. Inicjatorzy i propagatorzy pokoju wyrażają jednoczącą miłość Chrystusową, która wyróżnia dusze jako dzieci Boże.

Świadomość „Syna Bożego" sprawia, że człowiek czuje miłość do wszystkich istot. Ci, którzy są prawdziwymi dziećmi Bożymi, nie są zdolni do odczuwania jakiejkolwiek różnicy między Hindusem, Amerykaninem ani między żadną inną narodowością czy rasą. Nieśmiertelne dusze na krótką chwilę przyodziane są w białe, czarne, brązowe, czerwone bądź oliwkowe ciała. Czy uważa się ludzi za różnych obcokrajowców, kiedy noszą ubrania różnych kolorów? Wszystkie dzieci Boże to dusze, niezależnie od narodowości czy barwy ciała. Ojciec nie uznaje stworzonych przez człowieka podziałów. Kocha wszystkich i wszystkie Jego dzieci muszą nauczyć się żyć w tej samej świadomości miłości. Kiedy człowiek ogranicza swoją tożsamość do swej klanowej ludzkiej natury, rodzi to niekończące się zatargi i budzi widmo wojny.

Ludziom dano potencjalnie nieograniczoną moc, aby udowodnili, że są rzeczywiście dziećmi Boga. Takie technologie, jak technologia bomby atomowej, uświadamiają nam, że jeśli człowiek nie będzie używał właściwie swych mocy, to zniszczy sam siebie. Pan mógłby w sekundę spopielić tę ziemię, gdyby stracił cierpliwość do Swych błądzących dzieci, ale tego nie czyni. I jako że On nigdy nie nadużyłby Swej Wszechmocy, to i my, uczynieni na Jego podobieństwo, również musimy zachowywać się jak bogowie i zdobywać serca mocą miłości, inaczej ludzkość, taka, jaką znamy, z pewnością zginie. Zdolność człowieka do czynienia wojen zwiększa się; tak samo musi zwiększyć się zdolność człowieka do czynienia pokoju. Najlepszym środkiem na zapobieganie wojnom jest braterstwo, uświadomienie sobie, że jako dzieci Boże jesteśmy jedną rodziną.

Każdy, kto pod pozorem patriotyzmu wznieca konflikty między bratnimi narodami, jest zdrajcą swojej boskiej rodziny – niewiernym dzieckiem Bożym. Każdy, kto szerząc plotki i kłamstwa, podsyca kłótnie w rodzinie, między sąsiadami lub znajomymi, albo kto w jakikolwiek sposób zakłóca spokój, bezcześci Bożą świątynię harmonii.

Chrystus i inni wielcy podali receptę na pokój wewnętrzny i na pokój między jednostkami i narodami. Jakże długo żyje człowiek w ciemności niezrozumienia i nieznajomości tych ideałów! Prawdziwie Chrystusowy sposób życia może usunąć ludzkie konflikty i okropności wojny i doprowadzić do pokoju i wzajemnego zrozumienia na świecie; wszystkie uprzedzenia i antagonizmy muszą zginąć. Jest to wyzwanie dla tych, którzy będą czynili pokój Boży.

❖ ❖ ❖

Błogosławieni, którzy cierpią prześladowanie dla sprawiedliwości; albowiem ich jest królestwo niebieskie. (Mt 5:10)

Boska szczęśliwość spłynie na te dusze, które ze spokojem znoszą tortury niesprawiedliwej krytyki tak zwanych przyjaciół, a także nieprzyjaciół, za słuszne postępowanie, i na te dusze, które nie ulegają wpływom złych obyczajów ani wpływom szkodliwych zwyczajów społecznych. Wyznawca prawości nie ulegnie naciskowi towarzystwa, by się napić, tylko dlatego, że znajduje się akurat na spotkaniu, gdzie podają koktajle, nawet gdy inni będą się z niego wyśmiewać, że nie uczestniczy w ich przyjemnościach. Moralna prawość wywołuje krótkotrwałe kpiny, ale przynosi długotrwałą radość, albowiem wytrwałość w panowaniu nad sobą rodzi szczęście i doskonałość. Na to, by cieszyć się wiecznym królestwem niebiańskiej radości w tym życiu i po śmierci, zasługują ci, którzy żyją i umierają w prawości.

Ludzie oddani sprawom doczesnym, którzy wolą przyjemności zmysłowe od kontaktu z Bogiem, są zaprawdę głupcami, ponieważ ignorując to, co słuszne, a zatem dobre dla nich, będą musieli ponieść tego konsekwencje. Prawy wielbiciel robi to, co dla niego korzystne w najwyższym sensie. Ten, kto porzuca przyjęte zwyczaje tego świata i pogodnie znosi szyderstwa krótkowzrocznych przyjaciół naśmiewających się z jego idealizmu, pokazuje, że zasługuje na nieustającą radość w Bogu.

Powyższy werset dodaje również ducha tym, którzy postanowili trzymać się ideałów moralnych i praktyk duchowych, ale są prześladowani i dręczeni pokusami zmysłowymi i złymi nawykami. Są oni doprawdy prawi, idąc słuszną drogą samoopanowania i medytacji, na której z czasem pokonają pokusy i zdobędą królestwo wiecznej radości przeznaczone dla zwycięzców.

Bez względu na to, jak potężne są pokusy albo jak silne są złe nawyki, można się im oprzeć mocą kierowanego mądrością samoopanowania i dzięki przekonaniu, że obojętnie jaką przyjemność obiecuje ci pokusa, w końcu zawsze zrodzi ona smutek. Niezdecydowani niechybnie stają się hipokrytami, usprawiedliwiając złe zachowanie, a jednocześnie ulegając pokusom. Tym czego pragnie dusza jest słodycz Bożego miodu, aczkolwiek opieczętowany jest on tajemnicą. Ci, którzy medytują z niezłomną cierpliwością i wytrwałością, łamią pieczęć tajemnicy i swobodnie raczą się niebiańskim nektarem nieśmiertelności.

Niebo to stan transcendentalnej, wszechobecnej radości, gdzie nie śmią pojawić się żadne smutki. Dzięki niezachwianej prawości wielbiciel ostatecznie osiągnie tę błogą szczęśliwość, której już się nie traci. Chwiejni uczniowie, niestali w medytacji, mogą wypadać z tego stanu niebiańskiej radości, lecz ci, którzy są nieustępliwi, osiągają go na stałe. Królestwo Kosmicznej świadomości należy do Króla Niebiańskiej Szczęśliwości i do wyniesionych dusz, które się z Nim połączyły. Dlatego o wielbicielach, którzy jednoczą swoje ego z Bogiem, stając się jednością z Królem Wszechświata, powiedziano: „Do nich należy królestwo niebieskie".

❖ ❖ ❖

Błogosławieni jesteście, gdy wam złorzeczyć będą, i prześladować was, i mówić wszystko złe przeciwko wam, kłamiąc z mego powodu.

Radujcie się, i weselcie się; albowiem zapłata wasza obfita jest w niebiesiech; tak bowiem prześladowali proroków, którzy byli przed wami (Mt 5:11-12).

Źródło równoległe:

Błogosławieni będziecie, gdy was ludzie nienawidzić będą, i gdy was wyłączą [ze swego towarzystwa], *i będą was lżyć, i imię wasze wyrzucą jako złe, z powodu Syna człowieczego.*

Radujcie się dnia tego i weselcie się; albowiem oto zapłata wasza jest obfita w niebiesiech; boć tak właśnie prorokom czynili ojcowie ich (Łk 6:22-23).

Powyższe wersety nie oznaczają, że koniecznie trzeba zwerbować grupę oszczerców, aby stać się godnym królestwa niebieskiego. Pomimo najlepszych twoich wysiłków, by czynić dobro dla świata i w sobie, prześladowcy nigdy nie zaprzestaną obrzucać cię obelgami, o czym przekonał się Jezus. Prostacka natura ego czyni niezdyscyplinowanego człowieka przykrym i złośliwym w stosunku do tych, którzy różnią się od niego moralnie lub duchowo. Podszepty szatańskiej, stwarzającej podziały ułudy, skłaniają samozwańczego krytyka do ciągłego szukania powodów do szkalowania bliźnich. Jezus dodawał otuchy swoim wyznawcom, mówiąc, aby się nie przerażali i nie dawali zastraszyć, kiedy usiłując prowadzić duchowe życie, widzą, że nastawieni materialnie ludzie tego nie rozumieją. Ci, którzy zdołają przejść próbę wyszydzania pogodnie i nie ulegną złym zwyczajom, aby się „dopasować", osiągną szczęście wynikające z trzymania się cnotliwych nawyków rodzących szczęśliwość.

Niewielka to będzie strata, jeśli ci, którzy cię ganią i szkalują, „wyłączą cię [ze swego towarzystwa]". W istocie, dla osób wykluczonych jest to błogosławieństwem, bo dzięki temu ostracyzmowi ich dusze przebywają z dala od towarzystwa nierozumiejących, źle zachowujących się ludzi.

Ci, którzy poświęcili się rozwojowi duchowemu, nigdy nie powinni ulegać przygnębieniu, bez względu na to, jak źle się o nich mówi lub szkaluje ich dobre imię, ogłaszając ich przestępcami. Błogosławieni ci, których imię jest oczerniane, bo nie akceptują złych obyczajów tego świata, albowiem imiona ich zostaną wyryte w podziwiającym ich w milczeniu sercu Boga.

Bhagawadgita (XII:18-19) podobnie opisuje szacunek Pana dla takich wielbicieli: „Ten, kto zachowuje spokój, zarówno wobec przyjaciół jak i wrogów, uwielbienia i zniewag, ciepła i chłodu, przyjemności i bólu; kto porzucił przywiązanie, tak samo przyjmując naganę i pochwałę; kto jest spokojny i rad ze wszystkiego, nie przywiązany do domowego zacisza, o spokojnym usposobieniu i oddany – ten jest Mi drogi".

Człowiek powinien postępować zgodnie z tym, co według jego przekonania jest słuszne, pomimo krytyki. Każdy powinien uczciwie, bez egoistycznej stronniczości, analizować siebie; i jeśli ma rację, powinien kontynuować swoje słuszne, przynoszące radość działania, nie przejmując się ani pochwałami, ani zarzutami. Jeśli jednak się myli, powinien się cieszyć z możliwości poprawy i usunięcia w ten sposób jeszcze jednej przeszkody do trwałego szczęścia. Nawet niesprawiedliwa krytyka uczyni ucznia czystszym i doda mu jeszcze więcej entuzjazmu do podążania drogą wewnętrznego spokoju, zamiast ulegania pokusom, do jakich nakłania złe towarzystwo.

To w towarzystwie Boga doznaje się błogosławieństw. Człowiek musi znaleźć dla Niego czas w spokoju medytacji. Po co marnować godziny wolnego czasu na chodzenie do kina albo oglądanie telewizji, albo na inne jałowe rozrywki? Pielęgnowanie i przestrzeganie przyzwyczajeń prowadzących do kontaktu z Bogiem jest dla wielbiciela prawdziwym bodźcem do radowania się wewnętrznym szczęściem i wiedzą, że ostatecznie odziedziczy królestwo wiecznego spełnienia.

Uczeń, którego potępia się za duchowe życie, nie powinien pochlebiać sobie, że będąc prześladowanym dla Boga, wyświadcza Bogu jakąś wielką przysługę. „Cierpieć prześladowania dla mnie" czy też „dla Syna człowieczego" oznacza, że jest się karconym za trzymanie się tych praktyk, których uczeń podjął się na życzenie swego podobnego Chrystusowi guru w celu osiągnięcia harmonii z Bogiem.

Jezus przemawiał do swych uczniów i zwolenników jako posłany im od Boga guru albo zbawiciel: "Błogosławieni jesteście, kiedy się was krytykuje i obraża za to, że podążacie za Synem człowieczym (podobnym Chrystusowi guru-nauczycielem; przedstawicielem Boga), woląc iść w świetle Boskiej mądrości, niż błądzić wraz z masami ludzkimi po doczesnych ścieżkach ciemności i niewiedzy".

Bycie nienawidzonym, bojkotowanym, napominanym albo wykluczanym nie jest samo w sobie powodem do otrzymania błogosławieństwa, jeśli jest się moralnie albo duchowo zdegenerowanym; jeśli jednak pomimo prześladowań uczeń trzyma się prawdy przejawionej w życiu i naukach podobnego Chrystusowi guru, to będzie on wolny w wiecznej szczęśliwości.

„Radujcie się tym dniem i poczujcie unoszącą świętą wibrację wciąż nowej radości; oto bowiem ci, którzy będą się mozolić i trudzić, i zgodzą się cierpieć, aby żyć po bożemu, zostaną w niebie nagrodzeni wieczną szczęśliwością.

Ci, którzy was prześladują, to potomkowie kolejnych pokoleń tych, którzy prześladowali proroków. Pomyślcie, do jak wielkiego zła posunęli się wasi przodkowie i jaką nagrodę w niebie otrzymali od Boga prorocy za cierpienie prześladowań dla Jego imienia od ludzi pogrążonych w niewiedzy. Przestrzeganie zasad duchowych, nawet jeśli z tego powodu trzeba utracić ciało, tak jak utracili je męczennicy dawnych czasów, przynosi nagrodę, jaką jest odziedziczenie Bożego królestwa Wiecznej Radości".

„Wielka jest wasza nagroda w niebie" oznacza stan wiecznej szczęśliwości, jaką czuje się po ustabilizowaniu kontaktu z Bogiem, doświadczany w medytacji: człowiek, który spełnia uwznioślające, dobre czyny na ziemi, zbierze, zgodnie z prawem karmy, owoce tych czynów albo w wewnętrznym niebie na ziemi, albo w najwyższych sferach niebiańskich po śmierci.

Niebiańską nagrodę, jaką otrzymuje się w życiu na ziemi albo po śmierci, określa zapas dobrej karmy i niezłomność duchowa. Rozwinięte dusze, te, które dzięki medytacji zdolne są do doświadczania stanu urzeczywistnienia siebie, pełnego wciąż nowej radości, i te, które potrafią stale trwać w tej wewnętrznej niebiańskiej szczęśliwości, gdzie mieszka Bóg, noszą z sobą przenośne niebo wszędzie, dokąd się udają. Astralne słońce duchowego oka zaczyna odsłaniać ich świadomości astralne niebo, które zamieszkują, w absolwenckich sferach, cnotliwe dusze i święci, istoty wyzwolone i aniołowie. Stopniowo, światło duchowego oka otwiera swoje wrota, prowadząc świadomość w coraz to wyższe sfery Nieba: wszechobecną złotą aurę Kosmicznej Wibracji Ducha Świętego, otulającą tajemnice subtelniejszych sił, które przenikają wszystkie rejony wibracyjnego bytu (gdzie znajduje się „perłowa brama", czyli wejście do astralnego nieba przez jakby perłowe sklepienie o barwach tęczy, stanowiące mur graniczny); Chrystusowe Niebo będące odbiciem Świadomości Boga oświetlającego Swą inteligencją wibracyjną sferę stworzenia; i najwyższe niebo Świadomości Kosmicznej, wieczne, niezmiennie szczęśliwe, transcendentne Królestwo Boże.

Tylko te dusze, które podczas ziemskiej egzystencji nawet pośród prób i prześladowań potrafią utrzymać skupioną świadomość na duchowym oku, wejdą w tym życiu albo po śmierci w stan szczęśliwości wyższych rejonów Nieba, gdzie w błogiej bliskości Boga, która obdarza całkowitą wolnością, mieszkają nadzwyczaj rozwinięte dusze.

Chociaż Jezus mówi głównie o wielkiej nagrodzie, na którą zasłużyły sobie rozwinięte dusze, to nawet jeśli błogie obcowanie z Bogiem jest mniej częste, przyniesie ono odpowiednią niebiańską nagrodę. Ci, którzy robią pewne postępy, lecz potem sprzeniewierzają się swoim duchowym ideałom lub przestają medytować, bo czują się wewnętrznie udręczeni niezbędnym do tego wysiłkiem albo zniechęceni oddziaływaniem zewnętrznego świata lub krytyką krewnych, sąsiadów bądź tak zwanych przyjaciół – tracą łączność z niebiańską szczęśliwością. Ci jednak, którzy są wytrwali duchowo, nie tylko zachowują stan szczęśliwości, który uzyskują dzięki medytacji, lecz zostają podwójnie wynagrodzeni, odkrywając, że ich stałość prowadzi do jeszcze większego spełnienia. Taka jest psychologiczna niebiańska nagroda jaką daje stosowanie prawa nawyku: każdy, kto dzięki medytacji trwa w wewnętrznej szczęśliwości, zostanie nagrodzony coraz to większą radością, którą zachowa nawet wtedy, gdy opuści ten ziemski padół.

Niebiańska szczęśliwość odczuwana za życia w stanie medytacji to tylko przedsmak wciąż nowej radości, jaką po śmierci ciała odczuwa się w wiecznej duszy. Dusza zanosi tę radość w najwyższe rejony astralnej niebiańskiej piękności, gdzie żywotroniczne kwiaty rozchylają tęczowe płatki w eterycznym ogrodzie i gdzie klimat, atmosfera, pożywienie i mieszkańcy zbudowani są z rozmaitych wibracji wielobarwnego światła – do królestwa subtelnych manifestacji lepiej zharmonizowanych z esencją duszy niż te ziemskie, które są bardziej surowe.

Ludzie prawi, którzy nie ulegają doczesnym pokusom, ale nie uwolnili się całkowicie od ułudy, po śmierci są nagradzani odświeżającym odpoczynkiem w tym astralnym niebie, pośród licznych pół-aniołów i częściowo odkupionych dusz, które prowadzą tam życie nieporównanie lepsze od tego na ziemi. Przez karmicznie ustalony czas cieszą się tam skutkami swojej dobrej karmy astralnej. Po tym czasie pozostała ziemska karma ściąga ich z powrotem w inkarnację w ciele fizycznym. Ich „wielka nagroda" w astralnym niebie polega na tym, że mogą na życzenie przejawiać upragnione warunki, pracując wyłącznie z wibracjami i energią, a nie z ustalonymi własnościami ciał stałych, płynów i substancji gazowych, z którymi mieli do czynienia w czasie pobytu na ziemi. W niebie astralnym cały wystrój, właściwości, warunki klimatyczne i sposób przemieszczania się podlegają sile woli istot astralnych, które potrafią materializować i dematerializować żywotroniczną substancję tego subtelniejszego świata i operować nią zależnie od upodobania.

Całkowicie zbawione dusze, opuszczając brzegi ziemi, nie żywią w sercach doczesnych pragnień. Dusze te stają się na wieczność filarami pałacu Świadomości Kosmicznej i już nigdy więcej nie inkarnują się na ziemi, chyba że na własne życzenie, aby sprowadzić przywiązane do ziemskiego świata dusze z powrotem do Boga.[2]

Prorocy Boga to dusze, które są utwierdzone w Prawdzie i powracają na ziemię na rozkaz Boga, aby prowadzić innych do duchowego życia własnym wzorowym przykładem i głoszeniem przesłania o zbawieniu. Duchowy stan proroka czy zbawiciela to stan całkowitego zjednoczenia z Bogiem, który upoważnia go do głoszenia o Bogu w tajemniczy duchowy sposób. Prorocy to zazwyczaj wybitni reformatorzy, którzy są dla ludzkości niezwykłym duchowym przykładem. Świadczą o potędze i wyższości miłości nad nienawiścią i mądrości nad niewiedzą, nawet jeśli to oznacza męczeństwo. Nie zgadzają się na odstąpienie od swoich prawd bez

---

[2] „Kto zwycięży, uczynię go filarem w kościele Boga mojego, a więcej z niego już nie wyjdzie" (Apokalipsa Św. Jana 3:12).

względu na skalę prześladowań fizycznych i psychicznych, zniesławiania czy fałszywych oskarżeń; i równie niewzruszenie nie godzą się na nienawiść do swoich prześladowców ani doraźny rewanż w celu poskromienia swoich nieprzyjaciół. Demonstrują i zachowują cierpliwość i wyrozumiałość wszystko przebaczającej miłości Boga, sami będąc pod ochroną Jego Nieskończonej Łaski.

U wszystkich Wielkich – tych, którzy przychodzą na ziemię, aby wskazać ludzkości drogę do wiecznej szczęśliwości czyli świadomości szczęścia – znajdujemy boskie cechy wychwalane przez Jezusa jako prowadzące do błogosławionego stanu wiecznej szczęśliwości. W *Bhagawadgicie* Śri Kryszna wyczerpująco opisuje następujące nieodzowne przymioty duszy boskiego człowieka:

(Mędrca cechuje) pokora, brak obłudy, niekrzywdzenie, wybaczanie, prawość, służenie guru, czystość umysłu i ciała, niezłomność, samoopanowanie;

Obojętny stosunek do przedmiotów zmysłów, brak egotyzmu, rozumienie cierpienia i zła (tkwiącego w istocie życia doczesnego): w narodzinach, chorobie, starości i śmierci;

Nieprzywiązanie, nieutożsamianie siebie z własnymi dziećmi, żoną i domem; stała równowaga umysłu w pożądanych i niepożądanych okolicznościach;

Niezachwiane oddanie Mnie dzięki praktykowaniu jogi nierozdzielności, udawanie się do samotnych miejsc, unikanie towarzystwa ludzi oddanych sprawom doczesnym;

Wytrwałość w poznawaniu siebie; medytacyjny wgląd w cel wszelkiego poznania – jego prawdziwą istotę czy znaczenie. Wszystkie te cechy składają się na mądrość; cechy przeciwne składają się na niewiedzę (Bhagawadgita XIII:7-11).

Pielęgnując powyższe cnoty, nawet w tym materialnym świecie człowiek może żyć w błogiej świadomości duszy, będąc prawdziwym dzieckiem Bożym. Sprawia on, że jego życie i życie wielu osób, z którymi się styka, promienieje nieskończonym światłem, radością i miłością Wiecznego Ojca. 7:7-8

Rozdział 8

Boska miłość: najwyższy cel religii i życia

A oto niektóry zakonnik powstał, kusząc go i mówiąc: Nauczycielu! co czyniąc odziedziczę żywot wieczny? A on rzekł do niego: W zakonie co napisano, jako czytasz? A on odpowiadając rzekł: Będziesz miłował Pana, Boga twego, ze wszystkiego serca twego, i ze wszystkiej duszy twojej, i ze wszystkiej siły twojej, i ze wszystkiej myśli twojej; a bliźniego twego, jako samego siebie. I rzekł mu: Dobrześ odpowiedział; to czyń, a będziesz żył (Łk 10:25-28).

Podobny fragment z Ewangelii według św. Marka:

A przystąpiwszy jeden z nauczonych w Piśmie, słysząc, że z sobą gadali, a widząc, że im dobrze odpowiedział, spytał go: Które jest najpierwsze ze wszystkich przykazanie? A Jezus mu odpowiedział: Najpierwsze ze wszystkich przykazanie jest: Słuchaj, Izraelu! Pan, Bóg nasz, Pan jeden jest. Przetoż będziesz miłował Pana, Boga twego, ze wszystkiego serca twego, i ze wszystkiej duszy twojej, i ze wszystkiej myśli twojej, i ze wszystkiej siły twojej; toć jest pierwsze przykazanie. A wtóre temu podobne to jest: Będziesz miłował bliźniego twego, jako samego siebie. Większego przykazania innego nad to nie masz. (Mk 12:28-31)

W tych dwóch najważniejszych przykazaniach miłości Pana Jezusa przytoczonych w powyższych wersetach zawiera się cały cel religii i, zaprawdę, samego życia. Ujęta jest w nich istota wiecznej prawdy charakteryzującej wszystkie bona fide ścieżki duchowe, podstawowy imperatyw, który człowiek musi przyjąć jako zindywidualizowana dusza oddzielona od Boga, jeśli pragnie odzyskać jedność ze Stwórcą.

„To czyń, a będziesz żył" – rzekł Jezus do pewnego biegłego w Prawie, który go zapytał, co ma czynić, aby osiągnąć życie wieczne. Oznacza to: Jeśli potrafisz całkowicie kochać Boga w rzeczywistym obcowaniu z Nim w codziennej medytacji i swoim postępowaniem okazać bliźniemu (twemu boskiemu bratu) taką samą miłość, jaką żywisz do siebie samego, to wzniesiesz się ponad doczesną świadomość tej złudnej sfery ziemskiego życia i śmierci, i urzeczywistnisz wiecznego, niezmiennego Ducha istniejącego w tobie i w Swej wszechobecności.

„Na tych dwóch przykazaniach opierają się wszystkie prawa i prorocy" – oznajmił Jezus biegłemu w Prawie wspomnianemu w Ewangelii według św. Mateusza. A uczonemu w Piśmie, wspomnianemu w Ewangelii według św. Marka, który zapytał, jakie boskie przykazanie jest najważniejsze, Jezus odpowiedział [słowami, które znaczyły]: „Kosmiczny Władca i nasz Opiekun, Bóg nasz jedyny, jest wyłącznym Panem i Władcą całego stworzenia. Stworzył On ciebie jako jedno ze swoich dzieci, uczynionych na swój obraz i będących w boskim pokrewieństwie ustanowionym przez siebie. Wypada, abyś kochał swego Stwórcę spontanicznie całą miłością, jaką ci wszczepił – całą boską miłością w sercu, z całą intuicyjną percepcją duszy, z całą uwagą umysłu i z całą stanowczością i energią".

Jest to, głosił Jezus, najważniejsze ze wszystkich praw kosmicznych ustanowionych przez Ducha w celu podniesienia i wyzwolenia duszy; albowiem to przez bramę miłości człowieka wchodzi Bóg, łącząc się z nim w jedno, w związek, który go wyzwala z niewoli ułudy. Kochać Boga absolutnie to otrzymywać od Niego wieczne zadowolenie i spełnienie, będąc wolnym od wszystkich ludzkich pragnień, którym nieodpowiedzialny człowiek zawdzięcza ciągłe narodziny i śmierć wraz z ich nieprzewidzianymi cierpieniami.

Jezus pochwalił owego uczonego w Piśmie za zrozumienie, jakim się wykazał, i zapewnił go, że jest blisko osiągnięcia wysokiej duchowej świadomości, ponieważ człowiek ten rozumiał, że kochać Boga, który jest wszechwładny a zarazem pozostaje w intymnej relacji ze wszystkimi istotami to „więcej niż wszystkie całopalenia i ofiary". Oddawać Stwórcy cześć poprzez zewnętrzne rytuały religijne, to podtrzymywać dystans między czcicielem i Czczonym; natomiast kochać Go, to stać się Jego przyjacielem, Jego synem i jednym z Nim.

Mogłoby się wydawać, że wszechmogącemu Bogu nie przystoi nakazywać, aby człowiek kochał Go ponad wszystko inne. Jednak wszyscy awatarowie i święci poznali w swych sercach, że jest tak nie po to, aby spełnić jakiś donkiszotowski kaprys Boga, lecz jest to raczej środek konieczny, aby zindywidualizowana dusza mogła nawiązać świadome połączenie ze Źródłem. Bóg może żyć bez ludzkiej miłości; lecz tak jak fala nie może istnieć bez oceanu, tak człowiek nie może istnieć bez miłości Bożej. W każdym ludzkim sercu jest pragnienie miłości, ponieważ człowiek stworzony jest na obraz miłującego Boga. Dlatego awatarowie i święci wzywają ludzi, aby kochali Boga nie dlatego, że istnieje taki przymus czy przykazanie, lecz dlatego, że pod każdą małą falą miłości w każdym sercu wznosi się ocean Jego miłości.

Pewien wielki indyjski święty powiedział: „Ten jest najmądrzejszy, kto całym sercem najpierw szuka Boga"; albowiem znalazłszy Go, otrzymuje, wraz z Nim, wszystko, co jest z Boga. Kochać Boga to mieć łączność ze Szczodrym Źródłem stworzenia. Niejeden człowiek oddany sprawom doczesnym niemądrze angażuje serce, umysł, duszę i siłę fizyczną w pogoń za pieniądzem, ludzką miłością albo ziemską władzą, tylko po to, by to wszystko utracić – jeśli doprawdy to znalazł – w chwili śmierci. Najmądrzejszy użytek z życia to inwestycja w poszukiwanie Boga, jedynego skarbu, który przynosi zadowolenie na wieczność i którego nigdy nie można utracić ani pomniejszyć.

Chociaż, aby poznać Boga, trzeba Go kochać, równie prawdziwe jest to, że aby kochać Boga, trzeba Go poznać. Nie można kochać tego, o czym się nic nie wie. Nie można kochać zupełnie nieznanego człowieka. Lecz ci, którzy głęboko medytują, naprawdę „poznali", ponieważ znajdują dowody istnienia Boga we wciąż nowej Radości odczuwanej w medytacji lub w Kosmicznym Dźwięku *Aum* (Amen) słyszanym w głębokiej ciszy, lub w kosmicznej Miłości doświadczanej w sercu, gdy się w nim koncentrują w uwielbieniu, albo w Kosmicznej Mądrości pojawiającej się jako wewnętrzne oświecenie, albo w Kosmicznym Świetle wywołującym wizje Nieskończoności, albo w Kosmicznym Życiu odczuwanym w medytacji, kiedy małe życie połączone zostaje z większym Życiem obecnym we wszystkim.

Każdy wielbiciel, który w medytacji choć raz odczuł obecność Boga w jakimkolwiek z Jego namacalnych przejawów, wzruszony Jego fascynującymi cechami, może Go tylko kochać. Większość ludzi tak naprawdę nie kocha Boga, ponieważ w ogóle nie wie, jak bardzo miłującym jest Pan, gdy przychodzi do serca medytującego wielbiciela. Taki rzeczywisty kontakt z transcendentną obecnością Boga jest możliwy dla zdeterminowanych wielbicieli, wytrwałych w medytacji i ciągłej, pełnej uczucia modlitwie.

Jest tylko jeden Inicjator całego potencjału człowieka – to Bóg, Stwórca miłości, dzięki której kochamy, Stwórca naszych dusz, które zapewniają nam nieśmiertelność; umysłów i procesów umysłowych, które umożliwiają nam myślenie, rozumowanie i spełnianie się, oraz naszej siły życiowej, która pozwala nam angażować się w życie. Powinniśmy używać wszystkich tych darów w najwyższym prężnym wysiłku podczas medytacji, aby móc wyrazić nasze umiłowanie Boga, aż świadomie poczujemy, że się On nam objawia w odpowiedzi.

Człowiek przeciętnie religijny sądzi, że aby spełnić duchowy obowiązek, wystarczy klepać modlitwy albo automatycznie odprawiać rytuały, albo iść okrężną drogą, przemierzając gęstwę teologii i dogmatów. Może on starać się odczuwać w sercu miłość i oddanie dla Boga i koncentrować się na Bogu najlepiej, jak potrafi podczas modlitwy; i może próbować kochać Boga „z całej mocy", z zapałem śpiewając, tańcząc, a nawet tarzając się po ziemi, jak to czynią członkowie niektórych sekt „Świętych Nawiedzonych" („Holy Rollers"). Ale kiedy przychodzi do kochania Boga całą duszą, nie wie, co począć, bo nawet nie rozumie, co to jest dusza. Jedyna pora, kiedy trochę poznaje duszę (i to tylko nieświadomie), to pora snu głębokiego bez marzeń sennych. W tym stanie „siła", czyli energia życiowa, jest odłączona od pięciu zmysłów i wycofuje się do wewnątrz; traci się świadomość siebie jako istoty fizycznej. W nocy ludzie mają przebłysk prawdziwego siebie, duszy; każdego ranka po przebudzeniu się większość ludzi ponownie przyjmuje fałszywą tożsamość śmiertelnika.

Próby zewnętrznego stosowania nauk Jezusa dają zwykle tylko minimum powierzchownego zadowolenia, ale nie prowadzą do urzeczywistnienia Boga w sobie. Wezwanie do kochania Boga całym sercem, umysłem, duszą i z całej siły ma jednak także znaczenie wewnętrzne. Jezus używał tych prostych słów pism świętych, ale dawał do zrozumienia, że w nich zawiera się cała nauka jogiczna, transcendentalna metoda jednoczenia się z Bogiem w medytacji. W Indiach, gdzie wiedza duchowa rozwijała się przez tysiące lat przed czasami Jezusa, znający Boga mędrcy dopracowali te koncepcje, tworząc obszerną filozofię duchową, która w sposób systematyczny prowadzi wielbicieli do wyzwolenia. Jeśli człowiek czyni wysiłek w medytacji, aby poznać Boga, opierając się na szczerości serca i najgłębszych uczuciach oraz intuicji duszy i stosując całą moc koncentracji umysłu i całą zinterioryzowaną energię życiową, czyli siłę, to z pewnością mu się to powiedzie.

System kultury duchowej, dzięki któremu człowiek uczy się "miłować Boga ze wszystkiego serca swego" znany jest w Indiach jako *bhakti-joga* – zjednoczenie z Bogiem poprzez bezwarunkową miłość i oddanie. *Bhakta* wie, że uwaga człowieka koncentruje się na tym, co ma on w sercu – na tym, co kocha. Tak jak serce kochanka skupia się na umiłowanej, a pijaka na alkoholu, tak serce wielbiciela stale zatopione jest w miłości do Umiłowanego Boga.

„Miłować Boga ze wszystkiej myśli swojej" oznacza kochać ze skupioną uwagą. Indie wyspecjalizowały się w nauce koncentrowania umysłu w jednym punkcie przy użyciu określonych technik, tak że w czasie wielbienia Boga wielbiący jest w stanie skupić na Nim całą swoją uwagę. Jeśli podczas pobożnych praktyk umysł stale umyka ku myślom o pracy, jedzeniu, odczuć ciała lub innych wrażeń, to wtedy nie jest to umiłowanie Boga całym umysłem. Biblia uczy: „Módl się nieustannie"; indyjska nauka jogiczna dostarcza rzeczywistej metodyki czczenia Boga całkowicie skoncentrowanym umysłem.

„Miłować Boga ze wszystkiej duszy swojej", to znaczy wchodzić w nadświadomy stan ekstazy, bezpośredniego postrzegania duszy i jej jedności z Bogiem. Kiedy w umyśle nie ma żadnej myśli, lecz tylko świadoma wszechwiedza, kiedy człowiek wie dzięki intuicyjnemu uświadomieniu sobie, że może uczynić wszystko samym tylko rozkazem, wtedy jest w stanie poszerzonej nadświadomości. Dusza poznaje, że jest odbiciem Boga, że jest połączona ze świadomością Boga. To stan niezmiernej radości: krystalicznie czyste postrzeganie przez duszę wszechobecnego Ducha odzwierciedla się w radości medytacji.

Umiłowanie Boga z całej duszy wymaga całkowitego bezruchu transcendentnej interioryzacji. Nie można tego osiągnąć, modląc się na głos, machając rękoma, śpiewając, recytując mantry czy też robiąc cokolwiek, co wprawia w ruch aparat czuciowo-mięśniowy ciała. Tak jak w stanie głębokiego snu ciało i zmysły stają się nieoperatywne, podobnie takie wycofanie się do wnętrza występuje w stanie nadświadomej ekstazy – tyle że ekstaza jest o wiele głębsza niż sen. Dziesięć milionów snów nie opisze takiej radości. Jest to stan, w którym można poznać duszę i tym prawdziwym Sobą w pełni adorować Tego, który jest samą Miłością.

Spełnienie boskiego przykazania, aby kochać Boga całym sercem, umysłem i duszą, umożliwia nauka, która predysponuje ucznia do „miłowania Boga ze wszystkiej siły swojej". Tego naucza joga. Podczas snu umysł świadomy jest nieaktywny; siła życiowa zostaje wycofana z aparatu sensoryczno-motorycznego mózgu oraz z mięśni i nerwów i skoncentrowana we władzach umysłu podświadomego. Człowiek nie może wejść w podświadomy stan snu, jeśli, zazwyczaj biernie, siła życiowa nie została odłączona od czuwającego zmysłowo-motorycznego układu nerwowego; i nie może wejść w stan nadświadomości, przekraczając podświadomość, nie odłączywszy świadomie siły życiowej od zmysłów i mięśni.

Opanowywanie siły życiowej, które umożliwia człowiekowi miłowanie Boga z całej siły, zaczyna się od pozycji (*asany*, czyli trenowania ciała w utrzymywaniu, z łatwością i bez niepokoju, poprawnej, nieruchomej pozycji w medytacji) i ćwiczeń oddechowych w celu kontrolowania siły życiowej (*pranajamy*, czyli technik uspokajających oddech i serce). Ta praktyka uspokaja serce, skutecznie wycofuje energię ze zmysłów i wycisza niespokojny oddech, wiążący człowieka ze świadomością ciała. Gdy nie ma zakłócającego wpływu ciała, jogin potrafi skupić się na Bogu. Umysł, odłączony od doznań, staje się transcendentnie zinterioryzowany (*pratjahara*). Uczeń może wtedy używać uwolnionego umysłu w miłosnej komunii z Bogiem. Gdy uczeń potrafi kochać Boga wewnętrznie skoncentrowanym umysłem, zaczyna odczuwać tę miłość do Boga również w sercu, i cudownie przesyca ona obecnością Bożą wszystkie niuanse jego uczuć. Przesycone Bogiem serce odczuwa wtedy Umiłowanego Pana w najgłębszych zakamarkach duszy, gdzie malutka miłość spotyka się z Wielką Miłością i zostaje Nią otulona. Odczuwanie Boga w duszy rozszerza się w poznanie Boga jako wszechobecnego (*samjama* jogiczna: *dharana, dhjana, samadhi*).

Jezus wszedł bardzo głęboko w nauki, które z pozoru wydają się proste – o wiele głębiej niż rozumie je większość ludzi. O tym, że nauczał On pełnego systemu jogicznego, naukowej metody jednoczenia się z Bogiem, świadczy podana w *Objawieniu św. Jana* tajemnica siedmiu gwiazd i siedmiu kościołów z siedmioma aniołami i siedmioma złotymi świecznikami. Urzeczywistnienie Boga w sobie osiąga się dzięki otwarciu „siedmiu pieczęci" ośrodków duchowego postrzegania, co umożliwia panowanie nad wszystkimi astralnymi siłami życia i śmierci; w rezultacie dusza osiąga wyzwolenie.

Jezus podkreślał, że droga do zbawienia zaczyna się od ćwiczeń, które umożliwiają uczniowi prawdziwą miłość do Boga – z najwyższym poświęceniem serca, umysłu, duszy i sił. W największym indyjskim piśmie świętym o jodze, *Bhagawadgicie*, Pan przemawia słowami porównywalnymi ze słowami przykazań głoszonych przez Jezusa: „Raz jeszcze posłuchaj Mego najwyższego słowa, najbardziej tajemnego ze wszystkich. Jako że bardzo cię miłuję, powiem co jest dla ciebie dobre. Zatop umysł we Mnie; stań się Moim wielbicielem; oddaj mi wszystko; pokłoń się Mnie. Jesteś Mi drogi, zaprawdę więc przyrzekam tobie: Osiągniesz Mnie!".

❖ ❖ ❖

Pierwsze przykazanie miłości prowadzi wielbiciela do przestrzegania drugiego wielkiego prawa duchowego: „A wtóre podobne jest temuż". Dążąc do odczuwania Boga w sobie, człowiek ma także obowiązek dzielenia się swoim doświadczeniem Boga z bliźnimi: „Będziesz miłował bliźniego swego (ludzi wszystkich ras i wszystkie stworzenia, z którymi się stykasz) jak siebie samego (tak jak kochasz własną duszę) – ponieważ widzisz Boga we wszystkich". Twój bliźni jest przejawieniem większej Jaźni, czyli Boga. Dusza jest odzwierciedleniem Ducha, odzwierciedleniem obecnym w każdej istocie i w wibracyjnym życiu całej ożywionej i nieożywionej kosmicznej dekoracji. Kochać rodziców, krewnych, znajomych, rodaków, ludzi wszystkich ras na ziemi, wszystkie stworzenia, kwiaty, gwiazdy, które żyją w „sąsiedztwie" lub w zakresie twojej świadomości, to kochać Boga w różnorodności Jego namacalnych przejawów. Ludzie, którzy jeszcze nie potrafią kochać Boga w Jego subtelnych przejawach w medytacji, mogą pielęgnować swoją miłość do Niego przejawioną w przyrodzie i we wszystkich istotach, z którymi się stykają lub które wyczuwają.

Bóg jest Tym, który staje się ojcem, aby chronić dziecko, matką, by je bezwarunkowo kochać, przyjaciółmi, nieskrępowanymi instynktem rodzinnym, by pomagać wcielonej duszy. To Bóg stał się strojną ziemią z rozpostartym nad nią firmamentem pełnym gwiazd, aby Jego dzieci miały czym się zachwycać. To On stał się pożywieniem, oddechem i podtrzymującymi życie funkcjami nieprzeliczonych śmiertelnych ciał. Przeniknąwszy do ludzkiego pojmowania, immanentny Bóg budzi człowieka do jego obowiązku i przywileju wielbienia Boga w świątyni własnego serca (poprzez medytację) i Boga mieszkającego we wszystkich istotach i rzeczach we wszechświecie (poprzez miłość do bliźnich w pobliżu swego kosmicznego domu).

Nawet święci, którzy kochają Boga w transcendentnej ekstazie w medytacji, znajdują pełne odkupienie tylko pod warunkiem, że dzielili się swoim boskim osiągnięciem, kochając Boga jako przejawionego we wszystkich duszach we wszechobecnym sąsiedztwie ich własnej duszy.

Zachęcony miłością do Boga odczuwaną w medytacji, najlepiej gdyby wielbiciel mógł rozpocząć praktykowanie dobrosąsiedzkiej życzliwości duszy, wyciągając pomocną dłoń do ludzi, którzy nie należą do jego rodziny, ale są mu bliżsi niż cała ludzkość. Ludzie instynktownie wolą dawać swoim rodzinom niż obcym; a sama idea "ludzkości" to dla nich pojęcie dalekie i abstrakcyjne. Kiedy jednak człowiek żyje tylko dla siebie i nielicznych wybranych, których uznaje za bliskich, to dławi ekspansję swojego życia, a z duchowego punktu widzenia w ogóle nie żyje. I przeciwnie, gdy rozszerza współczucie i troskę z „nas czworo i nikt więcej" na sąsiadów i ludzkość, to strumień jego malutkiego życia wpływa w ocean życia Boga i staje się ono Życiem Wiecznym – jest to drugi wymóg podany przez Chrystusa w odpowiedzi na pytanie uczonego w piśmie: „Co czyniąc odziedziczę żywot wieczny?".

Większość ludzi żyje w ciasnych murach egoizmu, nigdy nie odczuwając pulsu wszechobecnego życia Boga. Kto żyje nie poznawszy, że jego życie wypływa z wiecznego życia, kto dba tylko o byt materialny, umiera i wciela się ponownie, niepamiętny przeszłych żywotów, ten nie żył naprawdę. Jego świadomość śmiertelnika, błąkała się po utworzonych ze snu, ułudnych doświadczeniach, ale jego prawdziwa Jaźń, Dusza, nigdy się nie przebudziła, aby wyrazić swą boską naturę i nieśmiertelność. Przeciwnie, każdy wielbiciel, który dzięki medytacji uświadamia sobie wieczność życia, przesłoniętą życiem doczesnym, żyje wiecznie, nigdy nie tracąc świadomości swojego istnienia w chwili śmierci ani podczas przechodzenia do kolejnych wcieleń, ani w wiecznej wolności duszy w Bogu.

Święci i mędrcy, którzy wypełniają te dwa najważniejsze przykazania miłości, nie muszą już być podporządkowani dyscyplinie pozostałych przykazań, albowiem w miłości do Boga w transcendentnej medytacji, a także do Boga przejawionego w bliźnich, automatycznie działają zgodnie ze wszystkimi prawami kosmicznymi. W wielbicielu, który ma łączność z Bogiem, Twórca Prawa Kosmicznego działa jako naturalna intuicyjna dobroć, która zawsze utrzymuje go w harmonii z kosmicznymi zasadami. Nagromadzoną przez tysiąclecia ciemność wokół duszy można stopniowo rozjaśnić płomyczkami przestrzegania licznych zasad etycznych. Ale gdy dzięki największym wysiłkom serca i umysłu oraz kontrolowaniu siły życiowej wszechprzenikające światło Boga wniknie w duszę, ciemność znika. Pojawiające się Wielkie Światło wchłania błyski światła etycznych czynów. Dlatego miłowanie Boga poprzez ciągłą modlitwę i medytację oraz poprzez służenie czynami, myślą i duchem powszechnej rodzinie bliźnich, którzy są Jego przejawieniem, jest podporą i istotą wszystkich pozostałych praw ludzkiego postępowania i wyzwolonego życia.

❖ ❖ ❖

Odrodzenie miłości do Boga i bliźniego, do której nawoływał Jezus, przyniosłoby ducha jedności i uleczyło świat z nieszczęść.

Tylko przyjaźń z Bogiem doprowadzi do harmonii i braterstwa na ziemi. Kiedy człowiek rzeczywiście odczuwa Boską Obecność we własnej duszy, zostaje natchniony miłością do bliźniego – żyda i chrześcijanina, muzułmanina i hindusa. Ma wtedy świadomość, że jego własne prawdziwe Ja i Ja wszystkich innych ludzi są tak samo duszami-odbiciami jedynego, bezgranicznie ukochanego Boga. Utopijne programy społeczne i polityczne nie przyniosą trwałych korzyści, dopóki ludzkość nie pozna wiecznej nauki, dzięki której wyznawcy wszystkich religii mogą poznać Boga w jedności duszy i Ducha.

Przestrzeganie „pierwszego przykazania miłości", głoszonego przez Jezusa, jest naczelnym obowiązkiem ludzkiego życia, nadrzędnym w stosunku do całego szeregu innych trudnych obowiązków, jakie człowiek na siebie bierze. Jezus potwierdzał biblijne przykazanie, by „czcić ojca swego i matkę swoją", lecz nade wszystko Boga. Ojciec, matka, przyjaciele, ukochani to dary Boże. Kochaj Jedynego Umiłowanego, który się skrywa pod wszystkimi życzliwymi maskami. Kochaj Go nade wszystko, aby odwiedzając twoje serce niezliczoną ilość razy, nie wymknął się nierozpoznany i niepowitany.

Bycie z Bogiem w chwili obecnej jest najważniejszą rzeczą. Jego miłość jest jedynym schronieniem w życiu i śmierci. Trzeba jak najlepiej wykorzystać czas; dlaczego więc nie na to, by odzyskać jedność ze Stwórcą wszechświata, naszym Nieskończonym Ojcem?

ROZDZIAŁ 9

Królestwo Boże w was

A będąc pytany przez Faryzeuszów, kiedy przyjdzie królestwo Boże, odpowiedział im i rzekł: Nie przyjdzie królestwo Boże z postrzeżeniem; Ani nie rzekną: Oto tu, albo oto tam jest: albowiem oto królestwo Boże wewnątrz was jest (Łk 17:20-21).

Jezus zwraca się do człowieka jako do wiecznego poszukiwacza trwałego szczęścia i wolności od cierpienia: „Królestwo Boże – wieczna, niezmienna, wciąż na nowo szczęśliwa Świadomość Kosmiczna – jest w tobie. Patrz na duszę jak na odbicie nieśmiertelnego Ducha, a ujrzysz, że twoje Ja obejmuje nieskończone imperium Boskiej Miłości, Boskiej Mądrości, Boskiej Szczęśliwości istniejącej w każdej cząstce wibracyjnego stworzenia i bezwibracyjnym Transcendentnym Absolucie".

Można powiedzieć, że nauki Jezusa o królestwie Bożym – niekiedy podane wprost, a czasami w postaci przypowieści pełnych metafizycznych znaczeń – stanowią sedno całego Jego przesłania. Ewangelie podają, że na samym początku swojej publicznej działalności „Jezus przyszedł do Galilei, głosząc ewangelię królestwa Bożego". Jego nawoływanie: „Szukajcie najpierw królestwa Bożego" stanowi istotę Kazania na Górze. Wiemy, że jedyna modlitwa, którą dał On swoim uczniom, jest usilną prośbą do Boga: „Przyjdź królestwo Twoje". Wielokrotnie mówił On o królestwie Ojca niebieskiego i metodzie jego osiągnięcia:

„Jeśliby się kto nie narodził z wody i z Ducha, nie może wejść do królestwa Bożego";

„Usiłujcie, abyście weszli przez ciasną bramę; albowiem powiadam wam: Wiele ich będą chcieli wejść, ale nie będą mogli";

„Nikt nie wstąpił do nieba, tylko ten, który zstąpił z nieba, Syn człowieczy, który jest w niebie. A jako Mojżesz węża na puszczy wywyższył, tak musi być wywyższony Syn człowieczy";

„A jeźliby cię oko twoje gorszyło, wyłup je; bo lepiej tobie jednookim wejść do królestwa Bożego, niżeli dwoje oczu mając, wrzuconym być do ognia piekielnego";

„Jamci jest drzwiami; jeźli kto przez mię wejdzie, zbawiony będzie, a wejdzie i wyjdzie, a pastwisko znajdzie";

„Jamci jest ta droga, i prawda, i żywot; żaden nie przychodzi do Ojca, tylko przez mię".[1]

Zebrane razem, te i inne oświadczenia Jezusa o królestwie Bożym pozwalają w pełni zrozumieć proste twierdzenie zawarte w powyższych wersetach, że królestwa Bożego nie znajdziemy „postrzeżeniem" – używając dostrojonych do materii zmysłów wzroku, słuchu, smaku, węchu i dotyku – lecz poprzez interioryzację świadomości, dzięki czemu dostrzeżemy Boską Rzeczywistość w sobie.

„Królestwa Bożego nie odkrywa się poprzez obserwację za pośrednictwem zmysłów ani nie znajdują go ci, którzy mówią: Patrz, jest tutaj lub gdzieś tam w chmurach. Zamiast tego skoncentruj się w sobie, a odkryjesz sferę Boskiej Świadomości, ukrytą za twoją świadomością materialną".

Wielu myśli o niebie jako o miejscu fizycznym, położonym w przestrzeni wysoko ponad atmosferą i dalej niż gwiazdy. Inni interpretują słowa Jezusa o nadejściu królestwa Bożego w ten sposób, że odnoszą się one do przyjścia Mesjasza, który ustanowi boskie królestwo na ziemi i będzie nim rządził. W rzeczywistości królestwo Boże i królestwo niebieskie składają się, odpowiednio, z transcendentnych nieskończoności Kosmicznej Świadomości i niebiańskich sfer – przyczynowej i astralnej – wibracyjnego stworzenia; są one zacznie subtelniejsze i lepiej zharmonizowane z wolą Boga niż fizyczne wibracje skupione w planety, powietrze i ziemskie środowisko.

Przedmioty materialne rozpoznawane jako doznania wzrokowe, słuchowe, zapachowe, smakowe i dotykowe składają się ze współgrających sił,

---

[1] Głębsze metafizyczne znaczenie wszystkich tych wersetów i ich zastosowanie w nauce jogicznej jest obszernie wyjaśnione w *The Second Coming of Christ: The Resurrection of the Christ Within You* (Drugie przyjście Chrystusa: zmartwychwstanie Chrystusa w tobie).

mających źródło i istniejących poza możliwościami obserwacyjnymi ludzkiej świadomości. Źródłem wszystkich materialnych form i materialnych wibracji jest Świadomość Kosmiczna. Materia to skondensowana energia fizyczna; energia fizyczna to skondensowana energia astralna; a energia astralna to skondensowana prototypowa siła myśli Boga. Dlatego Świadomość Kosmiczna ukryta jest wewnątrz i za warstwami materii, energii fizycznej, energii astralnej i myśli czy świadomości.

Jak w makrokosmosie, tak i w mikrokosmosie ludzkiego ciała: Świadomość Kosmiczna, odznaczająca się wciąż nową radością i nieśmiertelnością, jest twórcą świadomości ludzkiej i jako taka leży wewnątrz niej. Z nieskończonej Świadomości Kosmicznej poczęły się indywidualne dusze; te zindywidualizowane twory myśli Bożej okryte zostały w procesie przejawiania się dwoma dalszymi warstwami; stało się to poprzez kondensację magnetycznych sił przyczynowych świadomości w ciało astralne ze świetlistej energii życiowej, a następnie w śmiertelne ciało z krwi i kości.

Zatem, królestwo Boże nie jest oddzielone od królestwa materii, lecz jest w niej – jako jej źródło zarówno przenika ją w subtelnej postaci, jak i ją podtrzymuje – i poza nią, istnieje w nieskończonych domach Ojca poza ograniczonym kosmosem fizycznym. [2]

Dlatego Jezus powiedział, że nie ma sensu szukać nieba, mając świadomość skupioną na wibracjach materialnych – utożsamioną z doznaniami ciała, przyjemnościami i doczesnymi wygodami. W królestwie materii i świadomości ciała człowiek znajduje chorobę i cierpienie psychiczne i fizyczne; natomiast zagłębiając się w siebie, w wewnętrzne królestwo duszy, znajduje Pocieszyciela, Ducha Świętego czyli Kosmiczną Wibrację *Aum*,

---

[2] „Gdy wasi przywódcy powiedzą wam: «To królestwo jest w niebie», wtedy ptaki niebieskie będą pierwsze przed wami. Gdy powiedzą wam, że ono jest w morzu, wtedy ryby będą pierwsze przed wami. Ale królestwo jest tym, co jest w was, i tym, co jest poza wami. Skoro poznacie samych siebie, wtedy będziecie poznani i będziecie wiedzieć, że jesteście synami Ojca żywego. Jeśli zaś nie poznacie siebie, wtedy istniejecie w nędzy i sami jesteście nędzą" (*Ewangelia Tomasza*, werset 3).

Spytali Go uczniowie Jego: „W którym dniu nastanie odpocznięcie zmarłych i którego dnia nastanie nowy świat?". Odrzekł im: „To, czego wyczekujecie, nadeszło, ale wy tego nie wiecie" (*Ewangelia Tomasza*, werset 51).

Zapytali Go uczniowie Jego: „[...] W jakim dniu nadejdzie królestwo?". „Ono nie nadejdzie wtedy, gdy go wyczekują. Nie będą mówić: «Oto tutaj, albo oto tam», lecz królestwo Ojca rozszerza się na ziemi, a ludzie go nie widzą" (*Ewangelia Tomasza*, werset 113). *(Nota Wydawcy)*

pojawiającą się w subtelnych mózgowo-rdzeniowych ośrodkach świadomości duchowej. Dać się ponieść płynącemu na zewnątrz strumieniowi materialnej świadomości, to zostać, chcąc nie chcąc, porwanym do Hadesu, królestwa Szatana – sfery doczesnych przywiązań i ograniczeń śmiertelnego ciała; podążanie za płynącym do wewnątrz strumieniem świadomości poprzez medytowanie na dźwięku *Aum*, pozwala osiągnąć szczęśliwe królestwo Boże, istniejące za zasłoną fizycznego bytu.[3]

Komunia ze świętym Pocieszycielem powoduje zestrojenie się ze Świadomością Chrystusową mieszkającą w ciele jako wiecznie doskonała dusza. W głębszej komunii ze Świadomością Chrystusową pojawia się uświadomienie sobie jedności duszy ze wszechobecnym Duchem – malutkie Ja rozszerza się w nieskończone Ja, aż obejmie bezkresne boskie królestwo wiecznie istniejącej, wiecznie świadomej, wiecznie nowej Szczęśliwości.

Królestwo Boże oczekuje, aby zostało odkryte przez każdą ograniczoną ciałem duszę, przez tych, którzy medytując, zagłębiają się w siebie, by wykroczyć poza ludzką świadomość i osiągać odpowiednio wyższe stany nadświadomości, Świadomości Chrystusowej i Świadomości Kosmicznej. Ci, którzy głęboko medytują, intensywnie koncentrując się w stanie ciszy, czyli w stanie pozbawionym myśli, wycofują umysł z materialnych przedmiotów zmysłów wzroku, słuchu, węchu, smaku i dotyku – ze wszystkich cielesnych doznań i zakłóceń spowodowanych umysłowym niepokojem. W tym skupionym wewnętrznym bezruchu znajdują spokój nie do opisania. Spokój to pierwszy przebłysk wewnętrznego królestwa Bożego.

Wielbiciele, którzy potrafią dowolnie zinterioryzować umysł i w pełni skoncentrować się na powstałym w wyniku tego spokoju, znajdą wejście do

---

[3] Wśród niekanonicznych ewangelii, które przetrwały z najwcześniejszego okresu ery chrześcijańskiej, znajduje się częściowo zachowany manuskrypt zwany „Dialog Zbawcy", napisany około 150 r. p.n.e. i zagubiony aż do odkrycia manuskryptów z Nag Hammadi w 1945 r. Przekład w The Complete Gospels: Annotated Scholar's Version (Ewangelie zebrane. Wydanie opracowane naukowo) zawiera taki fragment (14:1-4):
  Mateusz rzekł: „Panie, chcę zobaczyć miejsce życia, w którym nie ma zła, lecz jest światłość czysta".
  Pan rzekł: „Bracie Mateuszu, nie będziesz mógł go zobaczyć, jak długo nosisz ciało".
  Mateusz rzekł: „Panie, jeśli go nie mogę zobaczyć, to pozwól mi je poznać".
  Pan rzekł: „Każdy, kto poznał siebie samego, zobaczył go". *(Nota Wydawcy)*

królestwa Bożej Świadomości. Wtedy ich świadomość stopniowo rozkwita w świadomość wszechobecności, wszechwiedzy, wciąż nową szczęśliwość i wizje sfer wiecznego światła, w którym wszystkie wyzwolone dusze poruszają się w Bogu, materializując się bądź dematerializując na życzenie. Nikt nie może wejść do nieba Kosmicznej Świadomości, jeśli nie zdoła poprzez wrota pobożnego skupienia i medytacji wniknąć głęboko w swoją świadomość. Dlatego Jezus głosił jednoznacznie: „Królestwo Boże jest w was", to znaczy w transcendentnych stanach postrzeżeń duszy.

Jest piękna zgodność między naukami Chrystusa o wejściu do „Królestwa Bożego w was" a naukami jogi wyłożonymi przez Pana Krysznę w *Bhagawadgicie* o przywróceniu Króla Duszy, odbicia Boga w człowieku, do prawowitej władzy nad królestwem cielesnym, wraz z pełnym urzeczywistnieniem boskich stanów świadomości duszy. Kiedy człowiek się zadomowi w tym wewnętrznym królestwie boskiej świadomości, obudzona intuicyjna percepcja duszy przebija zasłony materii, energii życiowej i świadomości i odkrywa Boskie sedno w głębi wszystkiego.

Mieszka On w świecie, przenikając wszystko – wszędzie, Jego są ręce i stopy; obecny jest z każdej strony, Jego są oczy i uszy, Jego twarze i głowy.

Jaśnieje we wszystkich zmysłach, a jednak przekracza zmysły; nie wiąże się ze stworzeniem, a jednak podstawą On wszystkiego; wolny jest od gun (składników budujących Przyrodę), a jednak się nimi cieszy.

Jest On wewnątrz i na zewnątrz wszystkiego, co istnieje, w rzeczach ożywionych i nieożywionych; i blisko jest, i daleko; niedostrzegalny, bo zbyt subtelny.

On, Niepodzielny, pojawia się jako niezliczone istoty; podtrzymuje i niszczy te formy, a następnie stwarza je na nowo.

On Światłem jest wszystkich Świateł, poza ciemnością; Wiedzą samą, Tym, co jest do poznania, i Celem wszelkiej wiedzy, mieszka we wszystkich sercach. (Bhagawadgita XIII:13-17)

Radźa-joga, królewska droga prowadząca do zjednoczenia z Bogiem, jest naukową metodą rzeczywistego poznania królestwa Bożego, które znajduje się w człowieku. Praktykowanie świętych jogicznych technik interioryzacji otrzymanych podczas inicjacji od prawdziwego guru, umożliwia znalezienie tego królestwa dzięki przebudzeniu astralnych i przyczynowych ośrodków siły życiowej i świadomości w rdzeniu kręgowym i mózgu; są to bramy do niebiańskich rejonów transcendentnej świadomości. Człowiek, który osiąga takie przebudzenie, poznaje wszechobecnego Boga w Jego Nieskończonej Naturze i w czystości własnej duszy, i nawet pod złudnym płaszczem zmiennych form materialnych i sił.

Patańdźali, czołowy kodyfikator starożytnej indyjskiej *radźa-jogi*, nakreślił osiem stopni, po których trzeba iść, aby się wznieść do wewnętrznego królestwa Bożego:

1. *Jama*, moralne postępowanie; powstrzymywanie się od krzywdzenia innych, kłamstwa, kradzieży, rozwiązłości i chciwości.
2. *Nijama*: czystość ciała i umysłu, zadowolenie we wszystkich okolicznościach, samodyscyplina, zgłębianie siebie (kontemplacja) i oddanie Bogu. Te pierwsze dwa stopnie prowadzą do samoopanowania i spokoju umysłu.
3. *Asana*: wyćwiczenie ciała tak, że może przyjąć i utrzymać poprawną pozycję do medytacji bez zmęczenia, czyli bez niepokoju fizycznego i umysłowego.
4. *Pranajama*: techniki opanowywania siły życiowej, uspokajające serce i oddech oraz usuwające z umysłu rozpraszające doznania zmysłowe.
5. *Pratjahara*: moc całkowitej interioryzacji umysłu i bezruch spowodowany wycofaniem świadomości ze zmysłów.
6. *Dharana*: moc użycia zinterioryzowanego umysłu do jednopunktowej koncentracji na Bogu w jednym z Jego aspektów, przez co objawia się On wewnętrznym zmysłom wielbiciela.
7. *Dhjana*: medytacja pogłębiona dzięki intensywnej koncentracji (*dharana*), przynosząca poczucie bezmiaru Boga, Jego atrybutów przejawionych w nieskończonej ekspansji Jego Kosmicznej Świadomości.
8. *Samadhi*, zjednoczenie z Bogiem: pełne urzeczywistnienie jedności duszy z Duchem.

Wszyscy wielbiciele mogą znaleźć wrota do królestwa Bożego, koncentrując się na duchowym oku, ośrodku Świadomości Chrystusowej w punkcie między brwiami. Długa i głęboka medytacja, nauczana przez prawdziwego guru, umożliwia stopniową przemianę świadomości ciała materialnego w świadomość ciała astralnego, a gdy przebudzą się zdolności postrzegania astralnego, wtedy możliwe jest intuicyjne odczuwanie coraz głębszych stanów świadomości, aż osiągnie się jedność ze Źródłem świadomości. Wchodząc przez drzwi duchowego oka, człowiek zostawia za sobą całe przywiązanie do materii i do ciała fizycznego i wstępuje w wewnętrzną nieskończoność królestwa Bożego.

Tkanki ciała fizycznego zbudowane są z komórek; tkanka ciała astralnego utworzona jest z żywotronów – inteligentnych jednostek światła, czyli energii życiowej. Kiedy człowiek jest w stanie przywiązania do ciała, charakeryzującym się sprężeniem lub kontrakcją energii życiowej w cząstki elementarne, to żywotrony ciała astralnego ścieśniają się, ograniczone identyfikacją z formą fizyczną. Dzięki metafizycznej relaksacji struktura żywotroniczna zaczyna się rozszerzać – wtedy władza ciała nad tożsamością człowieka rozluźnia się.

Dzięki coraz głębszej medytacji struktura energetyczna astralnego człowieka rozszerza się poza granice ciała fizycznego. Ciało żywotroniczne, należąc do sfery bytu nieskrępowanego złudnymi ograniczeniami trójwymiarowego świata fizycznego, zdolne jest połączyć się w jedno z Energią Kosmiczną przenikającą cały wszechświat. Bóg jako Duch Święty, Święta Wibracja, jest Światłem Energii Kosmicznej; człowiek, uczyniony na obraz Boga, zbudowany jest z tego światła. Jesteśmy tym ścieśnionym Światłem; i jesteśmy Światłem naszej Kosmicznej Jaźni.

Pierwszym krokiem prowadzącym do wejścia do królestwa Bożego jest przyjęcie nieruchomej, poprawnej pozycji medytacyjnej. Uczeń powinien siedzieć z wyprostowanym kręgosłupem i naprężać i rozluźniać ciało – bo dzięki relaksacji świadomość uwalnia się z mięśni. Jogin zaczyna od właściwego, głębokiego oddychania, podczas wdechu napinając całe ciało, a podczas wydechu rozluźniając je, i powtarza to kilka razy. Z każdym wydechem należy się pozbywać całego napięcia i ruchu mięśni, aż ciało stanie się zupełnie nieruchome. Potem, stosując techniki koncentracji, usuwa się aktywność niespokojnego umysłu. W doskonałym bezruchu ciała i umysłu jogin doznaje nieopisanego spokoju obecności duszy. Ciało jest świątynią życia; umysł jest świątynią światła; dusza jest świątynią spokoju. Im głębiej wchodzi się w duszę, tym większy odczuwa się spokój; na tym polega stan nadświadomości. Kiedy dzięki głębokiej medytacji uczeń doznaje coraz większego spokoju i czuje, jak jego świadomość rozszerza się wraz z tym spokojem na cały wszechświat, tak że wszystkie istoty i całe stworzenie się w nim zatapiają, to wchodzi wtedy w Świadomość Kosmiczną. Czuje spokój wszędzie – w kwiatach, w każdym człowieku, w atmosferze. Ogląda ziemię i wszystkie światy, jak unoszą się niby bańki na oceanie spokoju.

Wewnętrzny spokój odczuwany z początku przez ucznia w medytacji to spokój jego własnej duszy; niezmierzony spokój, który czuje wchodząc głębiej, to Bóg. Uczeń, który doświadcza jedności ze wszystkim, wprowadził Boga do świątyni swej nieskończonej wewnętrznej percepcji.

W świątyni spokoju, w świątyni ciszy,
Spotkam Ciebie, dotknę Ciebie i pokocham Cię!
Do ołtarza ciszy przywiodę Cię.
W świątyni *samadhi*, w świątyni szczęścia,
Spotkam Ciebie, dotknę Ciebie i pokocham Cię!
Do ołtarza szczęścia przywiodę Cię.[4]

Po usunięciu niespokojnych myśli umysł automatycznie przemienia się w świątynię spokoju. Bóg staje się nam bliski w świątyni ciszy, a potem w świątyni spokoju. Najpierw wielbiciel spotyka Go jako spokój płynący ze stanu umysłu, w którym wszystkie myśli przemieniły się w czysto intuicyjne odczucie. Dotyka Pana miłością swego serca i odczuwa Go jako radość; jego czysta miłość skłania Boga do objawienia się na ołtarzu odczuwanego przez niego spokoju. Wielbiciel czyniący postępy odczuwa Boga nie tylko w medytacji, ale ma Go zawsze na ołtarzu spokoju w sercu.

W świątyni *samadhi*, w jedności ze spokojem będącym pierwszą manifestacją Boga w medytacji, wielbiciel jest w stanie wciąż nowej szczęśliwości,

---

[4] Pieśń z *Cosmic Chants: Spiritualized Songs for Divine Communion* (Śpiewy kosmiczne: uduchowione pieśni do komunii z Bogiem) Paramahansy Joganandy, wydanych przez Self-Realization Fellowship.

„Joga" chrześcijańskich świętych

Paramahansa Joganada napisał: „Wiara w Ducha Świętego to jedno; rzeczywisty kontakt z Duchem Świętym to co innego! W minionych wiekach wielcy święci, tacy jak Franciszek z Asyżu czy Teresa z Avili, poznali sztukę kontaktowania się z Duchem Świętym, Świadomością Chrystusową i Świadomością Kosmiczną – z potrójną Jednością – dzięki zinterioryzowanej sile szczerego oddania".

W swoich arcydziełach *Droga doskonałości* i *Twierdza wewnętrzna* słynna mistyczka Teresa z Avili podaje systematyczny opis, oparty na własnym doświadczeniu, wewnętrznych stanów komunii z Bogiem. Zasadniczo, stany te odpowiadają dokładnie kolejnym, coraz to wyższym stanom świadomości, objaśnianym przez znaną w Indiach od wieków, uniwersalną duchową naukę jogi.

Oświecony mistyk, święty Jan od Krzyża (współczesny Teresie z Avili i jej zwolennik), mówi o swoich doświadczeniach Boga jako Ducha Świętego w 14 i 15 strofie swojej niezrównanej *Pieśni duchowej*. Wyjaśniając jej symbole, święty Jan opisuje „potoki rozgłośnie szumiące" jako „duchowy dźwięk i głos zagłuszający wszystkie inne dźwięki i głosy świata". [...]

„Ten głos, czyli rozgłośny szum potoków, o których tu mówi dusza, jest to zalew tak obfity, że napełnia ją wszelkimi dobrami, a potęga Jego, która nią owłada, jest tak wielka, że zdaje się jej być nie tylko szumem rzek, lecz potężnym hukiem grzmotu. Głos ten jest duchowy i nie ma w sobie odgłosu słyszanego w naturze ani jego przeraźliwości i ogłuszenia, lecz jest pełen majestatu, siły i potęgi, rozkoszy i chwały. Jest to jakby jakiś bezmierny wewnętrzny szum i odgłos odziewający duszę mocą i odwagą. Ten głos duchowy i szum napełnił dusze Apostołów, gdy Duch Święty zstąpił na nich «jakby szum wichru gwałtownego», jak mówią Dzieje Apostolskie".

Evelyn Underhill napisała w *Mysticism* (Część 1, Rozdział 4): „Jednym z wielu pośrednich świadectw o obiektywnej rzeczywistości mistycyzmu, jest fakt, że etapy tej drogi, psychologia duchowego wznoszenia się, tak jak je opisują różne szkoły kontemplatorów, praktycznie zawsze podają tę samą kolejność stanów. «Szkoła dla świętych» nigdy nie uważała za konieczne uaktualniania swego curriculum. Psycholog nie ma trudności z pogodzeniem, na przykład «Stopni modlitwy» nazwanych przez świętą Teresę – Rozważaniem, Uciszeniem, Zjednoczeniem, Ekstazą, Oczarowaniem, «Cierpieniem Bożym» i Duchowym małżeństwem duszy – z czterema formami kontemplacji wyliczonymi przez Hugh of Saint Victor, czy z «Siedmioma etapami» wznoszenia się duszy do Boga sufich, z których pierwszy to adoracja, a ostatni małżeństwo duchowe. Chociaż każdego wędrowca mogą poprowadzić różne drogowskazy, z ich porównania jasno wynika, że droga jest jedna". *(Nota Wydawcy)* radości, która jest zawsze świeża. Szczęśliwość jest stanem o wiele głębszym niż spokój. Tak jak niemowa pijący nektar smakuje go, ale nie może opisać smaku ambrozji, podobnie ekstaza szczęśliwości odczuwanej w świątyni *samadhi* wprawia doświadczającego w stan elokwencji bez słów. Już sama ta radość może zaspokoić wrodzoną tęsknotę ludzkiego serca. W cierpliwej, wytrwałej medytacji, dzień po dniu, rok po roku, wielbiciel z miłością domaga się od Pana: „Przyjdź do mnie jako radość w *samadhi*-jedności i pozostań na zawsze w moim sercu na ołtarzu szczęśliwości!". Kiedy w naszych sercach będących w harmonii z sercami wszystkich, którzy kochają Boga w wewnętrznej świątyni szczęśliwości, cieszymy się radością jedynego Umiłowanego, ta wspólna radość jest przeogromnym ołtarzem Boga.

Na człowieku jako na duszy spoczywa obowiązek praktykowania tej wewnętrznej ciszy, i znalezienia Boga teraz. Używając zmysłów pośród wymogów codziennego życia, wielbiciel trzyma się myśli: „Zasiadam na tronie spokoju wewnętrznej ciszy". Pośród zajęć pozostaje wewnętrznie skupiony: „Jestem bogiem ciszy zasiadającym na tronie każdego działania". Równowagi jego umysłu nie zakłócają niekontrolowane uczucia: „Jestem księciem ciszy zasiadającym na tronie opanowania". Jego wewnętrzne Ja, zjednoczone z wiecznością, raduje się w życiu i śmierci: „Jestem królem nieśmiertelności panującym na tronie ciszy. Zniszczenie ciała, zniewagi zadane duszy przez ułudę, narzucony niepokój, ciężkie próby życiowe – to tylko sztuki teatralne, w których gram i które oglądam dla boskiej rozrywki. Mogę grać przez niedługi czas; zawsze jednak, z mojego wewnętrznego schroniska ciszy, oglądam rozwijający się scenariusz życia ze spokojem, radując się nieśmiertelnością".

Kiedy dzięki medytacji stale będziemy pukać do bramy ciszy, Bóg odpowie: „Wejdź. Szeptałem do ciebie poprzez wszystkie przebrania przyrody, a teraz powiadam tobie: Jestem Radością – żywym Źródłem Radości. Wykąp się w moich wodach – zmyj swoje nawyki, oczyść się z lęków. Śniłem dla ciebie piękny sen; lecz, moje dziecko, uczyniłeś z niego koszmar". Bóg chce, aby Jego dzieci przestały być marnotrawnymi synami i odgrywały swoje role w życiu jako istoty nieśmiertelne, tak aby opuszczając scenę tej ziemi, mogły powiedzieć: „Ojcze, to było dobre przedstawienie, ale teraz gotowe jesteśmy wrócić do Domu".

Myślenie, że niemożliwe jest bycie szczęśliwym, porzucenie wszelkiej nadziei na osiągnięcie spokoju, to grzech przeciwko swojej boskiej naturze – te stany należy zdemaskować jako błędy psychiki popełniane przez człowieka, powstałe wskutek ingerencji Szatana w ludzki umysł. Nieskończone szczęście i spokój są zawsze tuż obok, tuż za zasłoną ludzkiej niewiedzy. Jak to możliwe, by ktokolwiek był na zawsze wykluczony z królestwa Bożego, skoro to boskie królestwo jest w nim? Jedyne, co trzeba zrobić, to odwrócić się od ciemności zła i iść za światłem dobra.

Szczęście jest tak blisko jak nasze własne Ja; nie jest ono nawet kwestią osiągnięcia, lecz tylko podniesienia spowijającej duszę zasłony niewiedzy. Już samo słowo „osiągać" sugeruje brak czegoś, coś, czego nie mamy – to metafizyczny błąd. Szczęśliwość jest bezwarunkowym, przyrodzonym boskim prawem każdej duszy. Wystarczy zerwać przeszkadzającą zasłonę, a momentalnie odczuwa się najwyższe szczęście. Duch jest szczęściem. Dusza jest czystym odbiciem Ducha. Przywiązany do ciała człowiek tego nie zauważa, ponieważ jego świadomość jest zniekształcona: jego umysł jest jak wody jeziora stale mącone wdzierającymi się myślami i emocjami. Medytacja uspokaja fale uczucia (*ćitta*), tak że odbicie Boga jako radosnej duszy staje się w nas bardziej wyraźne.

Większość początkujących na drodze do wewnętrznego królestwa Bożego odkrywa, że ich medytacja uwięziona jest w pułapce niepokoju. Jest ona legowiskiem Szatana. Uczeń musi się wydostać z pułapki; może to zrobić, będąc wytrwałym w praktyce jogi i dzięki oddaniu. „Ilekroć kapryśny i niespokojny umysł gdzieś błądzi – z jakiegokolwiek powodu – niech jogin odciągnie go od tego, co go rozprasza, i odda go pod całkowitą władzę Jaźni [...]. Umysł niewątpliwie jest kapryśny i niezdyscyplinowany; lecz poprzez praktykowanie jogi i beznamiętności, o Ardźuno, można jednak nad nim zapanować. Tako rzeknę: Trudno jest osiągnąć jogę nieopanowanemu człowiekowi; lecz ten, kto panuje nad sobą, dążąc do niej właściwymi metodami, potrafi ją zdobyć".

Trzeba wykształcić w sobie nawyk przebywania w spokojnej obecności Boga, tak aby dniem i nocą ta świadomość pozostała niezachwiana. Ten wysiłek się opłaca, albowiem życie w świadomości Boga oznacza koniec niewoli choroby, cierpienia i strachu. Po prostu być z Bogiem; to jest cały sens i cel życia. Jeśli postanowimy, że nigdy wieczorem nie położymy się spać, zanim nie pomedytujemy i nie poczujemy Bożej Obecności, to w nasze życie wkroczy szczęście przechodzące najśmielsze oczekiwania. Wysiłek jest niezbędny, lecz wysiłek ten uczyni człowieka królem na tronie królestwa spokoju i radości. Czas spędzony na pogoni za nieistotnymi rzeczami materialnymi to utrata bezcennej szansy poznania Boga. Mówię wam z głębi serca: Błogosławiony ten, kto jest zdecydowany nie spocząć, dopóki nie znajdzie Boga.

Trwałe szczęście wewnętrzne, nieuwarunkowane żadnym wpływem zewnętrznym, jest oczywistym dowodem na to, że Bóg daje nam odpowiedź swoją obecnością. Postęp w obcowaniu z Bogiem następuje tylko dzięki regularnemu medytowaniu z głęboką koncentracją i oddaniem. Każdego kolejnego dnia medytacja powinna być głębsza niż dnia poprzedniego. Wielbiciel, który uczynił swoje poszukiwanie Boga sprawą nadrzędną, będzie w królestwie Bożym bezpieczny na wieki; jakiekolwiek kłopoty czy zmartwienia nie mogą przekroczyć progu jego sanktuarium ciszy, gdzie nie ma wstępu nic poza szczęśliwością wszechmiłującego Ojca-Matki Boga.

Ten, kto odnalazł w sobie to „tajemne miejsce Najwyższego", staje się przepełniony najwyższym szczęściem i poczuciem niebiańskiego bezpieczeństwa.[5] Nieważne, czy spotyka się ze znajomymi, czy śpi, czy pracuje, zachowuje to miejsce tylko dla Boga. Ze świadomością skupioną w Panu, przekonuje się, że koncentryczne zasłony *maji* nagle się unoszą. Z radością wielbiciel widzi Boga bawiącego się z nim w chowanego w kwiatach, w gwiazdach świecących silniejszym Światłem i na niebie jaśniejącym uśmiechem Nieskończonego. Kiedy otworzy mu się wzrok duchowy, wielbiciel widzi oczy Nieskończonego spoglądające na niego poprzez oczy każdego człowieka. W każdym, miłym czy niemiłym głosie, słyszy prawdziwy głos Nieskończonego. W mądrej lub kapryśnej woli innych dostrzega stałość woli Bożej. W każdej ludzkiej miłości czuje najwyższą miłość Bożą. Jakżeż cudowne

---

[5] „Ten, który mieszka w ochronie Najwyższego, i w cieniu Wszechmocnego przebywać będzie; Rzecze Panu: Nadzieja moja i zamek mój, Bóg mój, w nim nadzieję mieć będę[...].
 Nie spotka cię nic złego, ani jaka plaga przybliży się do namiotu twego. Albowiem Aniołom swoim przykazał o tobie, aby cię strzegli na wszystkich drogach twoich. Na rękach nosić cię będą, byś snadź nie obraził o kamień nogi twojej [...].
 Iż się we mnie, mówi Pan, rozkochał, wyrwę go, i wywyższę go, przeto, iż poznał imię moje. Będzie mię wzywał, a wysłucham go; Ja z nim będę w utrapieniu, wyrwę go, i uwielbię go. Długością dni nasycę go, i okażę mu zbawienie moje" (Księga Psalmów 91:1-16).

jest życie, kiedy opadają wszystkie przebrania Pana i wielbiciel staje twarzą w twarz z Nieskończonym, w pełnej szczęścia jedności boskiej komunii!

Bądź zawsze upojony Bogiem, niech fala twojej świadomości stale spoczywa na łonie Wiecznego Oceanu. Kiedy miotasz się w wodzie, twoja świadomość samego oceanu jest niewielka, skupiasz się na szamotaninie. Ale kiedy z niej rezygnujesz i się uspokajasz, ciało unosi się na wodzie; kołysząc się, i czujesz, jak omywa je cały ocean. W taki właśnie sposób wielbiciel odczuwa Boga, wraz z całym wszechświatem Boskiego Szczęścia łagodnie kołyszącym się pod powierzchnią jego świadomości.

Królestwo Boże jest w tobie; *On* jest w tobie. Tuż za twoimi spostrzeżeniami, tuż za twoimi myślami, tuż za twoimi uczuciami On jest. Każda odrobina pożywienia, które zjadasz, każdy oddech jest Bogiem. Żyjesz nie pożywieniem i tlenem, lecz dzięki Kosmicznemu Słowu Bożemu. Wszystkie moce umysłu i działania, których używasz, pożyczone są od Boga. Myśl o Nim cały czas – przed wykonaniem czynności, w trakcie jej wykonywania i po jej zakończeniu. Spełniając obowiązki wobec bliźnich, pamiętaj przede wszystkim o obowiązku wobec Boga, bez którego mocy, którą ci przekazał, żadne obowiązki nie są możliwe. Odczuwaj Go za zmysłami wzroku, słuchu, węchu, smaku i zapachu. Odczuwaj Jego energię w ramionach, nogach i stopach. Odczuwaj Go jako życie w każdym wydechu i wdechu. Odczuwaj Jego moc w swojej woli; Jego mądrość w swoim mózgu; Jego miłość w sercu. Wszędzie tam, gdzie świadomie odczuwa się obecność Bożą, topnieje niewiedza śmiertelnych.

Ludzie mądrzy nie opuszczają żadnego z codziennych spotkań z Bogiem w medytacji. Kontakt z Nim jest dla nich celem życia, namiętną pasją. Wszyscy, którzy trwają w takiej szczerości, wejdą do królestwa Bożego w tym żywocie; a mieszkać w tym królestwie, to być wolnym na wieczność.

❖ ❖ ❖

Proście, a będzie wam dane, szukajcie, a znajdziecie; kołaczcie, a będzie wam otworzone. Każdy bowiem, kto prosi, bierze; a kto szuka, znajduje; a temu, co kołacze, będzie otworzone.

– Ewangelia według świętego Mateusza 7:7-8

Aby kontynuować zgłębianie oryginalnych nauk Jezusa, zapoznaj się z książką

Paramahansy Joganandy

Drugie przyjscie Chrystusa

Zmartwychwstanie Chrystusa w tobie

W tym odkrywczym komentarzu do oryginalnych nauk Jezusa Paramahansa Jogananda zabiera Czytelnika w niezwykle ubogacającą podróż poprzez wszystkie cztery ewangelie. Werset po wersecie objaśnia uniwersalną drogę do jedności z Bogiem, której Jezus uczył swoich najbliższych uczniów, a którą przesłoniły wieki błędnej interpretacji.

Poza tematami przedstawionymi w *Jodze Jezusa*, to obszerne dwutomowe dzieło dogłębnie omawia następuje zagadnienia:

- ❖ Życzenie Jezusa, by przywrócić światu jego oryginalne nauki
- ❖ Techniki boskiego uzdrawiania stosowane przez Jezusa
- ❖ Praktyczne zastosowanie licznych przypowieści Jezusa
- ❖ „Wierzcie w Jego imię": komunia ze świętą Wibracją Kosmiczną
- ❖ „Piekło" i „niebo" doświadczane po śmierci
- ❖ Co to jest „sąd ostateczny" i „trąba Gabriela"
- ❖ „Będą ci odpuszczone grzechy twoje": usuwanie karmy przeszłych złych czynów
- ❖ Ideał harmonijnego duchowo małżeństwa według Jezusa
- ❖ Prawdziwe znaczenie słów Jezusa o „końcu świata"
- ❖ Maria i Marta: harmonia między obowiązkami świeckimi i obcowaniem z Bogiem
- ❖ Użycie wiary do rozwiązania drobnych trudności, a także do „przenoszenia gór"
- ❖ Jak Jezus przywrócił do życia swoje ciało fizyczne i osiągnął nieśmiertelność

Oprawa twarda, 15 barwnych ilustracji, 17 dwukolorowych zdjęć sepiowych
Można zakupić w sklepie internetowym Self-Realization Fellowship

O Autorze

"Paramahansa Jogananda w pełni ucieleśnił w życiu ideały miłości do Boga i służby ludzkości. [...] Chociaż spędził większość życia poza Indiami, zajmuje godne miejsce pośród naszych świętych. Dzieło jego stale się rozrasta i jaśnieje coraz potężniejszym blaskiem, przyciągając ludzi z całego świata na ścieżkę duchowej pielgrzymki".

—wyjątek z hołdu złożonego przez rząd indyjski Paramahansie Jogananadzie z okazji wydania pamiątkowego znaczka w dwudziestą piątą rocznicę jego śmierci

Urodzony w Indiach 5 stycznia 1893 roku, Paramahansa Jogananda poświęcił życie pomaganiu ludziom wszystkich ras i wyznań w urzeczywistnianiu i pełniejszym wyrażaniu w życiu piękna, szlachetności i prawdziwej boskości ludzkiego ducha.

Po ukończeniu studiów w Uniwersytecie Kalkuty w 1915 roku Śri Jogananda złożył formalne śluby jako mnich czcigodnego indyjskiego Zakonu Swamich. Dwa lata później rozpoczął swoje życiowe dzieło zakładając szkołę nauczającą „jak żyć" – dzieło to od tamtej pory rozrosło się do dwudziestu jeden instytucji wychowawczych w całych Indiach – gdzie tradycyjne przedmioty akademickie wykładano wraz z kursem jogi oraz instrukcjami dotyczącymi ideałów duchowych. W 1920 roku został zaproszony jako delegat Indii na Międzynarodowy Kongres Liberałów Religijnych w Bostonie. Jego wystąpienie na Kongresie oraz kolejne wykłady na wschodnim wybrzeżu USA zostały przyjęte entuzjastycznie, a w 1924 roku wyruszył na tournée z wykładami po całym kontynencie amerykańskim.

W ciągu kolejnych trzech dziesięcioleci gruntownie przyczynił się poszerzenia świadomości i docenienia przez Zachód duchowej mądrości Wschodu. W Los Angeles ustanowił międzynarodową siedzibę dla Self-Realization Fellowship – niesekciarskiego religijnego stowarzyszenia, które założył w 1920 roku. Poprzez swoje książki, a także podczas licznych tournée z wykładami oraz dzięki założeniu wielu świątyń i ośrodków medytacji Self-Realization Fellowship, wprowadził tysiące poszukiwaczy prawdy w starożytną naukę i filozofię jogi oraz jej uniwersalne metody medytacji.

Obecnie duchowe i humanitarne dzieło rozpoczęte przez Paramahansę

Jogananandę kontynuowane jest pod przewodnictwem Śri Mrinalini Maty, przewodniczącej Self-Realization Fellowship/Yogoda Satsanga Society of India. Poza wydawaniem jego książek, wykładów i nieformalnych pogadanek (łącznie z obszerną serią lekcji do studiowania w domu) stowarzyszenie nadzoruje także swoje świątynie, pustelnie oraz ośrodki na całym świecie, monastyczne wspólnoty Zakonu Self-Realization oraz Ogólnoświatowy Krąg Modlitwy.

W artykule na temat życia i dzieła Śri Joganandy dr Quincy Howe jr, profesor Katedry Języków Starożytnych w Scripps College napisał: „Paramahansa Jogananda przywiózł na Zachód nie tylko odwieczną obietnicę poznania Boga daną przez Indie, ale też i praktyczną metodę, dzięki której duchowi aspiranci ze wszystkich środowisk społecznych mogą szybko podążać do celu. Duchowe dziedzictwo Indii, doceniane uprzednio na Zachodzie jedynie jako coś bardzo wzniosłego i abstrakcyjnego, jest obecnie dostępne jako praktyka i doświadczenie dla wszystkich, którzy dążą do poznania Boga, nie w życiu pośmiertnym, ale tutaj i teraz [...]. Jogananda umieścił w zasięgu wszystkich najbardziej ekstatyczne metody kontemplacji".

Życie i nauki Paramahansy Joganandy opisane są w *Autobiografii jogina* (zob. s. 123)

Paramahansa Jogananda: Jogin w życiu i śmierci

Paramahansa Jogananda wszedł w *mahasamadhi* (stan, w którym jogin w pełni świadomości ostatecznie opuszcza ciało), w dniu 7 marca 1952 roku w Los Angeles, w Kalifornii, po wygłoszeniu przemówienia na bankiecie wydanym na cześć Jego Ekscelencji Binaja R. Sena, ambasadora Indii.

Wielki światowy nauczyciel dowiódł wartości jogi (naukowych metod urzeczywistnienia Boga) nie tylko swym życiem, ale i w śmierci. Kilka tygodni po odejściu jego niezmieniona twarz nadal jaśniała boskim blaskiem i nie nosiła żadnych oznak rozkładu.

Harry T. Rowe, dyrektor kostnicy przy cmentarzu Forrest Lawn Memorial Park w los Angeles (gdzie czasowo umieszczono ciało wielkiego mistrza), przysłał Self-Realization Fellowship potwierdzony notarialnie list, którego fragmenty cytujemy:

„Brak jakichkolwiek widocznych oznak rozkładu ciała Paramahansy Joganandy stanowi najbardziej niezwykły przypadek w naszej praktyce. [...] Nawet dwadzieścia dni po śmierci nie zaobserwowano żadnych śladów rozkładu ciała. [...] Na skórze nie dostrzeżono żadnych zmian grzybiczych, a w tkankach oznak wysychania. Stan tak doskonałego zachowania ciała jest, o ile nam wiadomo z kartoteki kostnicy, czymś zupełnie niespotykanym. [...] W chwili przyjęcia zwłok Joganandy personel kostnicy spodziewał się, że przez szklane wieko trumny dostrzeże zwykłe oznaki postępującego rozkładu. Nasze zdumienie rosło, w miarę jak dni mijały i nadal nie widać było najmniejszych zmian. Ciało Joganandy najwyraźniej pozostawało w fenomenalny sposób nienaruszone. [...]

„Nie pojawił się też przykry zapach towarzyszący rozkładowi. [...] Wygląd zewnętrzny Joganandy w dniu 27 marca, tuż przed zakryciem trumny wiekiem z brązu, był taki sam jak 7 marca. W dniu 27 marca wyglądał on równie świeżo jak w wieczór swojej śmierci i nie było absolutnie podstaw do stwierdzenia, że jego ciało choć w najmniejszym stopniu uległo rozkładowi. Dlatego oświadczamy ponownie, że przypadek Paramahansy Joganandy jest wyjątkowy w naszej praktyce".

Dodatkowe informacje o naukach Paramahansy Joganandy odnośnie *Krija-Jogi*

Self-Realization Fellowship ofiaruje nieograniczoną pomoc poszukiwaczom prawdy na całym świecie. W celu uzyskania informacji odnośnie corocznej serii publicznych wykładów i lekcji, medytacji i modlitw w naszych inspirujących świątyniach i ośrodkach na całym świecie, harmonogramu rekolekcji i innych działań, zapraszamy do odwiedzenia naszej strony internetowej lub naszej międzynarodowej siedziby:

www.yogananda-srf.org

Self-Realization Fellowship
3880 San Rafael Avenue
Los Angeles, California 90065-3219, U.S.A.

(323) 225-2471

Autobiografia Jogina
Paramahansy Joganandy

Ta ciesząca się ogromnym uznaniem autobiografia to jednocześnie pasjonująca historia niezwykłego życia i wnikliwe, zapadające w pamięć spojrzenie na najistotniejsze tajemnice ludzkiego bytu. Uznana po pierwszym jej wydaniu za doniosłe dzieło literatury duchowej, pozostaje nadal jedną z najpowszechniej czytanych i najwybitniejszych książek z zakresu mądrości Wschodu, jakie dotąd opublikowano.

    Z ujmującą szczerością, elokwencją i dowcipem Paramahansa Jogananda przedstawia inspirującą kronikę swojego życia – doświadczenia niezwykłego dzieciństwa, spotkania z wieloma świętymi i mędrcami podczas swoich młodzieńczych poszukiwań oświeconego nauczyciela, które prowadził w całych Indiach, dziesięć lat nauki w pustelni szanowanego nauczyciela jogi i trzydzieści lat życia i nauczania w Ameryce. Opisuje również swoje spotkania z Mahatmą Gandhim, Rabindranathem Tagore, Lutherem Burbankiem, katolicką stygmatyczką Teresą Neumann i innymi słynnymi postaciami duchowymi Wschodu i Zachodu. Książka zawiera także obszerny materiał, który [Paramahansa Jogananda] dodał już po ukazaniu się w 1946 roku pierwszego jej wydania, oraz końcowy rozdział o ostatnich latach jego życia.

    Uznana za klasyczne dzieło współczesnej literatury duchowej, *Autobiografia jogina* wprowadza nas głęboko w starożytną naukę jogi. Została przetłumaczona na wiele języków i jest powszechnie studiowana w college'ach i uniwersytetach. Obecna stale na liście bestsellerów, książka znalazła sobie drogę do serc milionów czytelników na całym świecie.

„Niebywała historia".

— *The New York Times*

„Fascynujące i opatrzone klarownymi komentarzami studium".

— *Newsweek*

„Nigdy dotąd nie napisano w języku angielskim ani w żadnym języku europejskim równie doskonałej prezentacji jogi".

— *Columbia University Press*

Książki Paramahansy Joganandy w języku polskim

do nabycia w księgarniach lub bezpośrednio od wydawcy

Self-Realization Fellowship
www.yogananda-srf.org

Autobiografia jogina

Dlaczego Bóg dopuszcza zło

Jak można rozmawiać z Bogiem

Jak odnieść zwycięstwo w życiu

Joga Jezusa

Medytacje metafizyczne

Naukowe afirmacje uzdrawiające

Naukowy aspekt religii

Prawo sukcesu

Spokój wewnętrzny

W sanktuarium duszy

Żyć nieustraszenie

Książki Paramahansy Joganandy
w języku angielskim

do nabycia w księgarniach lub bezpośrednio od wydawcy

Self-Realization Fellowship
3880 San Rafael Avenue
Los Angeles, California 90065-3219
Tel (323) 225-2471 • Fax (323) 225-5088
www.yogananda-srf.org

Autobiography of a Yogi

The Second Coming of Christ:
The Resurrection of the Christ Within You
Odkrywczy komentarz do oryginalnych nauk Jezusa.

God Talks with Arjuna:
The Bhagavad Gita
Nowy przekład wraz z komentarzem.

Man's Eternal Quest
Wybór odczytów i pogadanek Paramahansy Joganandy, tom I.

The Divine Romance
Wybór odczytów, pogadanek i esejów Paramahansy Joganandy, tom II.

Journey to Self-Realization
Wybór odczytów i pogadanek Paramahansy Joganandy, tom III.

Wine of the Mystic:
The Rubaiyat of Omar Khayyam — A Spiritual Interpretation
Natchniony komentarz, który wydobywa na jaw mistyczną naukę komunii z Bogiem, skrytą w zagadkowych obrazach poetyckich *Rubajatów*.

Where There Is Light:
Insight and Inspiration for Meeting Life's Challenges

Whispers from Eternity
Zbiór modlitw i opisy przeżyć duchowych, jakich Paramahansa Jogananda doznał w głębokiej medytacji.

The Science of Religion

The Yoga of the Bhagavad Gita:
An Introduction to India's Universal Science of God-Realization

The Yoga of Jesus:
Understanding the Hidden Teachings of the Gospels

In the Sanctuary of the Soul:
A Guide to Effective Prayer

Inner Peace:
How to Be Calmly Active and Actively Calm

To Be Victorious in Life

Why God Permits Evil and How to Rise Above It

Living Fearlessly:
Bringing Out Your Inner Soul Strength

How You Can Talk With God

Metaphysical Meditations
Zbiór ponad trzystu medytacji, modlitw i afirmacji.

Scientific Healing Affirmations
Paramahansa Jogananda gruntownie wyjaśnia naukę afirmacji.

Sayings of Paramahansa Jogananda
Zbiór powiedzeń i mądrych wskazówek Paramahansy Joganandy. Są to odpowiedzi, jakich szczerze i z miłością udzielił tym, którzy przyszli do niego po radę.

Songs of the Soul
Mistyczne poezje Paramahansy Joganandy.

The Law of Success
Wyjaśnia dynamiczne zasady rządzące osiąganiem celów w życiu.

Cosmic Chants
Śpiewnik zawierający słowa i nuty 60 pieśni religijnych, ze wstępem, w którym Autor wyjaśnia, jak śpiew duchowy może doprowadzić do komunii z Bogiem.

Nagrania audio Paramahansy Joganandy

Beholding the One in All

The Great Light of God

Songs of My Heart

To Make Heaven on Earth

Removing All Sorrow and Suffering

Follow the Path of Christ, Krishna, and the Masters

Awake in the Cosmic Dream

Be a Smile Millionaire

One Life Versus Reincarnation

In the Glory of the Spirit

Self-Realization: The Inner and the Outer Path

Pozostałe publikacje Self-Realization Fellowship

Kompletny katalog opisujący wszystkie publikacje oraz nagrania audio/video Self-Realization Fellowship dostępny jest na żądanie.

The Holy Science
autor Swami Śri Jukteświar

Only Love:
Living the Spiritual Life in a Changing World
autor Śri Daja Mata

Finding the Joy Within You:
Personal Counsel for God-Centered Living
autor Śri Daja Mata

God Alone:
The Life and Letters of a Saint
autor Śri Gjanamata

"Mejda":
The Family and the Early Life of Paramahansa Jogananda
autor Sananda Lal Ghosh

Self-Realization
(kwartalnik założony przez Paramahansę Joganandę w 1925 r.)

Lekcje Self-Realization Fellowship

Naukowe techniki medytacji, których nauczał Paramahansa Jogananda, w tym techniki *krija-jogi* – jak również jego wskazówki dotyczące wszelkich aspektów zrównoważonego życia duchowego – zawarte są w *Lekcjach Self--Realization Fellowship*. W celu uzyskania dalszych informacji prosimy zwrócić się z prośbą o przesłanie bezpłatnej broszury *Undreamed-of Possibilities*, dostępnej w językach angielskim, hiszpańskim i niemieckim.

Cele i Ideały
Self-Realization Fellowship

Ustalone przez założyciela Paramahansę Joganandę i przewodniczącą Śri Mrinalini Matę

Szerzenie pośród narodów wiedzy o istnieniu określonych, naukowych technik, prowadzących do bezpośredniego, osobistego doświadczania Boga.

Nauczanie, że celem życia człowieka jest ewolucyjna przemiana ograniczonej, śmiertelnej świadomości ludzkiej w Świadomość Boską. Przemiany tej człowiek dokonuje własnym wysiłkiem. Dlatego należy budować na całym świecie świątynie Self-Realization Fellowship, w których człowiek może obcować z Bogiem, oraz zachęcać do zakładania prywatnych świątyń Boga w domach i sercach ludzkich.

Ukazywanie całkowitej zgodności i podstawowej jedności nauk pierwotnego chrześcijaństwa, które głosił Jezus Chrystus, i oryginalnej jogi, nauczanej przez Bhagawana Krysznę. Pokazywanie, że zawarta w nich prawda jest wspólną, naukową podstawą wszystkich prawdziwych religii.

Wskazywanie jednej drogi do Boga, do której ostatecznie prowadzą wszystkie ścieżki prawdziwych religii: drogi codziennej, pełnej oddania medytacji o Bogu, opartej na naukowych podstawach.

Wyzwolenie człowieka z trojakiego cierpienia: chorób ciała, zaburzeń równowagi psychicznej i niewiedzy duchowej.

Zachęcanie do „prostego życia i wzniosłego myślenia". Szerzenie wśród wszystkich ludzi ducha braterstwa poprzez nauczanie o wiecznej podstawie ich jedności: pokrewieństwie w Bogu.

Ukazywanie władzy umysłu nad ciałem, duszy nad umysłem.

Przezwyciężanie zła dobrem, smutku radością, okrucieństwa dobrocią, niewiedzy mądrością.

Zjednoczenie nauki i religii dzięki zrozumieniu jedności ich podstawowych zasad.

Propagowanie kulturowego i duchowego zrozumienia między Wschodem a Zachodem i wymiany najlepszych, specyficznych dla nich wartości.

Służenie ludzkości jako większej własnej Jaźni.

Słowniczek

Ardźuna: wysoko postawiony uczeń, któremu Bhagawan Kryszna przekazał nieśmiertelne przesłanie *Bhagawadgity* (q.v.); jeden z pięciu książąt Pandanów w wielkim indyjskim eposie *Mahabharata*, w którym jest postacią kluczową.

astralne ciało: subtelne ciało ludzkie ze światła, prany lub żywotronów; druga z trzech powłok, które kolejno otaczają duszę. Powłoki te to: ciało przyczynowe (zob. *przyczynowe ciało*), ciało astralne i ciało fizyczne. Moce ciała astralnego ożywiają ciało fizyczne, podobnie jak prąd elektryczny rozświetla żarówkę. Ciało astralne składa się z dziewiętnastu pierwiastków. Są to: rozum, ego, uczucia, umysł (świadomość zmysłowa); pięć narządów poznania (moce zmysłów ożywiające narządy fizyczne wzroku, słuchu, węchu, smaku i dotyku); pięć narządów działania (moce wykonawcze w fizycznych narządach rozmnażania się, wydalania, mowy, ruchu i czynności manualnych; i pięć narzędzi siły życiowej odpowiedzialnych za funkcje krążenia, przemiany materii, przyswajania, krystalizacji i wydalania.

astralny świat: Subtelna sfera stworzenia Pańskiego, wszechświat światła i kolorów, zbudowany z sił subtelniejszych niż atomowe, tzn. wibracji energii życiowej czyli żywotronów (zob. *prana*). Każda istota, każdy przedmiot, każda wibracja w sferze materialnej ma swój astralny odpowiednik, ponieważ wszechświat astralny (niebo) stanowi wzorzec wszechświata materialnego. Po śmierci fizycznej dusza ludzka, odziana w ciało astralne ze światła, wznosi się do którejś z wyższych lub niższych sfer astralnych, zależnie od zasług, aby kontynuować rozwój duchowy w większej wolności tego subtelnego królestwa. Pozostaje tam przez karmicznie wyznaczony czas aż do ponownych narodzin w ciele fizycznym.

Aum (Om): sanskrycka podstawa słowa lub dźwięk-nasienie symbolizujący ten aspekt Boga, który stwarza i podtrzymuje wszystkie rzeczy; Kosmiczna Wibracja. Wedyjskie *Aum* stało się świętym słowem *Hum* u Tybetańczyków, *Amin* u muzułmanów, *Amen* u Egipcjan, Greków, Rzymian i w religii żydowskiej i chrześcijańskiej. Wielkie religie świata głoszą, że wszystkie rzeczy stworzone pochodzą z kosmicznej energii wibracyjnej *Aum* lub Amen, Słowa czyli Ducha Świętego. „Na początku było Słowo, a Słowo było u Boga, i Bogiem było Słowo. To było na początku u Boga. Wszystkie rzeczy się przez nie stały, a bez niego nic się nie stało, co się stało" (Jan 1:1-3).

Amen po hebrajsku znaczy *pewny, wierny*. „To mówi Amen, świadek [on] wierny i prawdziwy, początek stworzenia Bożego" (*Apokalipsa Św. Jana* 3 : 4). Podobnie jak wibracja działającego motoru tworzy dźwięk, tak i wszechobecny dźwięk Aum świadczy o działaniu „Kosmicznego Motoru", podtrzymującego wszelkie życie i każdą cząstkę stworzenia energią wibracji. W *Lekcjach Self-Realization Fellowship (q.v.)* Paramahansa Joganada uczy technik medytacji, których stosowanie prowadzi do bezpośredniego doświadczania Boga jako *Aum* lub Ducha Świętego. To pełne szczęścia obcowanie z niewidzialną boską Mocą („Pocieszycielem, [onym] Duchem Świętym" – Jan 14:26) jest prawdziwie naukową podstawą modlitwy.

awatar: z sanskryckiego *avatara*; słowo to zawiera dwa rdzenie: *ava* – „w dół" i *tri* – „przechodzić". Dusze, które dostępują zjednoczenia z Duchem, a potem powracają na ziemię, aby pomagać ludzkości, nazywają się awatarami, boskimi inkarnacjami.

awidja: dosłownie „nie-poznanie", niewiedza. Przejawienie się maji, kosmicznej ułudy, w człowieku *(q.v.)*. Zasadniczo *awidja* to nierozpoznanie przez człowieka jego boskiej natury i jedynej rzeczywistości: Ducha.

Babadźi: Zob. *Mahawatar Babadźi*.

Bhagawadgita: „Pieśń Pana". Starożytne indyjskie pismo święte zawierające osiemnaście rozdziałów z szóstej księgi (*Bhiszma Parwa*) eposu *Mahabharata*. Podana w formie rozmowy awatara *(q.v.)* Pana Kryszny ze swoim uczniem Ardźuną w przeddzień historycznej bitwy na polu Kurukszetra, Gita jest głębokim traktatem o nauce jogi (zjednoczenia z Bogiem) i ponadczasową receptą na szczęście i powodzenie w codziennym życiu. Gita to alegoria, a także historia, duchowa rozprawa na temat wewnętrznej walki między dobrymi a złymi skłonnościami człowieka. Zależnie od kontekstu, Kryszna symbolizuje guru, duszę lub Boga. Ardźuna reprezentuje aspirującego ucznia. Mahatma Gandhi napisał o tym uniwersalnym dziele: „Ci, którzy będą medytować nad Gitą, codziennie znajdą w niej nową radość i nowe znaczenia. Nie ma takich duchowych zawiłości, których Gita nie mogłaby rozwiązać".

Cytaty z *Bhagawadgity* w niniejszej książce pochodzą z własnego przekładu Gity Paramahansy Joganandy: *God Talks With Arjuna: The Bhagavad Gita – Royal Science of God-Realization* (wydane przez Self-Realization Fellowship).

Bhagawan Kryszna: awatar, który żył w Indiach wiele wieków przed epoką chrześcijańską. Jednym ze znaczeń słowa *Kryszna*, podawanych w hinduskich pismach świętych jest „Wszechwiedzący Duch". Zatem *Kryszna*, podobnie jak *Chrystus* to tytuł duchowy, oznaczający boską wielkość awatara – jego jedność z Bogiem. Tytuł *Bhagawan* znaczy „Pan". W młodości Kryszna był pasterzem, który oczarowywał towarzyszy muzyką fletu. Często uważa się, że w tej roli Kryszna reprezentuje alegorycznie duszę grającą na flecie medytacji, aby skierować wszystkie zbłąkane myśli z powrotem do owczarni wszechwiedzy.

bhakti-joga: duchowe podejście do Boga, które podkreśla, że główną metodą prowadzącą do komunii i zjednoczenia z Bogiem jest całkowite oddanie się Mu w miłości. (zob. *joga*).

Boska Matka: aspekt Boga działający w stworzeniu; *śakti*, czyli moc Transcendentnego Stwórcy. Inne terminy oznaczające ten aspekt Boga to *Aum*, *Śakti*, Duch Święty, Kosmiczna Inteligentna Wibracja, Przyroda, czyli *Prakryti*. Także osobowy aspekt Boga ucieleśniający takie cechy, jak miłość i współczucie matki.

Pisma hinduskie nauczają, że Bóg jest zarówno immanentny, jak i transcendentny, osobowy i nieosobowy. Można Go poszukiwać jako Absolutu; jako jedną z Jego przejawionych wiecznych cech, takich jak miłość, mądrość, szczęśliwość, światło; w postaci *iszta* (bóstwa); lub jak Ojca, Matkę albo Przyjaciela.

Brahman (Brahma): Duch Absolutny. Słowo *Brahman* pisze się czasami w sanskrycie *Brahma* (z krótkim *a* na końcu), ale znaczenie pozostaje takie samo jak znaczenie

Brahman: Duch lub Bóg Ojciec. Nie należy jednak mylić *Brahman* lub *Brahma* z ograniczonym pojęciem osobowego „Brahmy-Stwórcy" z trójcy Brahma-Wisznu-Śiwa (które zapisuje się z długim *a* na końcu: Brahmā).

Chrystus: honorowy tytuł Jezusa: Jezus Chrystus. Termin ten oznacza również kosmiczną inteligencję Boga, immanentną w stworzeniu (czasami nazywanej Chrystusem Kosmicznym lub Nieskończonym Chrystusem), lub używany jest w odniesieniu do wielkich mistrzów, którzy osiągnęli jedność z tą Boską Świadomością. (Greckie słowo *kristos* oznacza „namaszczony", podobnie jak hebrajskie słowo *mesjasz*). (zob. także *Chrystusowa Świadomość* i *Kutastha Ćajtanja*).

Chrystusowa Świadomość: Boska świadomość odbijająca się w całym stworzeniu, w nim immanentna. W chrześcijańskim Piśmie Świętym „syn jednorodzony", jedyne czyste odbicie Boga Ojca w stworzeniu; w hinduskich pismach świętych *Kutastha Ćajtanja* lub *Tat*, kosmiczna świadomość albo kosmiczna inteligencja Ducha wszechobecnego w stworzeniu. (Terminy „Chrystusowa Świadomość" i „Chrystusowa Inteligencja" są synonimiczne, podobnie jak „Kosmiczny Chrystus" i „Nieskończony Chrystus".) Jest to kosmiczna świadomość, jedność z Bogiem, przejawiona przez Jezusa, Krysznę i innych awatarów. Wielcy święci i jogini znają ją jako stan medytacyjny *samadhi*, w którym ich świadomość staje się identyczna z boską inteligencją w każdej cząstce stworzenia; odczuwają cały wszechświat jako własne ciało. (Zob. *Trójca*.)

Chrystusowy ośrodek: czakra *kutastha*, czyli *adźnia*, w punkcie między brwiami, bezpośrednio połączona drogą polaryzacji z *medulla oblongata (q.v.)*; ośrodek woli i koncentracji oraz Chrystusowej Świadomości *(q.v.)*; siedziba duchowego oka *(q.v.)*.

czakry: w jodze jest to siedem tajemnych ośrodków życia i świadomości w kręgosłupie i w mózgu, które ożywiają ciało fizyczne i astralne człowieka. Ośrodki te nazywa się *czakrami* („kołami"), ponieważ skoncentrowana w każdym z nich energia przypomina piastę koła, z której rozchodzą się promienie życiodajnego światła i energii. Licząc od dołu kręgosłupa, czakry te to: *muladhara* (przy kości ogonowej, u podstawy kręgosłupa); *swadhisthana* (przy kości krzyżowej, około 5 cm ponad muladharą); *manipura* (lędźwiowa, naprzeciw pępka); *anahata* (piersiowa, naprzeciw serca); *wiśuddha* (szyjna, u podstawy szyi); *adźnia* (tradycyjnie umieszczana między brwiami, w rzeczywistości bezpośrednio połączona drogą polaryzacji z medullą; zob. także *medulla* i *duchowe oko)*; i *sahasrara* (w najwyższej części mózgu).

Te siedem ośrodków to zaplanowane przez Boga bramy lub „klapy", przez które dusza zstąpiła w ciało i przez które musi się wznieść z powrotem w procesie medytacji. Po tych siedmiu kolejnych szczeblach dusza wydostaje się do Świadomości Kosmicznej. Świadomie wznosząc się w górę przez siedem otwartych czy „obudzonych" ośrodków, dusza podróżuje autostradą do Nieskończonego, prawdziwą drogą, którą musi przebyć, aby ponownie zjednoczyć się z Bogiem.

W traktatach jogicznych na ogół uważa się za *czakry* tylko sześć niższych ośrodków, a sahasrarę traktuje się jako siódmy, oddzielny ośrodek. Jednakże wszystkie siedem ośrodków często nazywa się lotosami, których płatki rozchylają się, czyli zwracają się ku górze w procesie duchowego przebudzenia, gdy energia życiowa i świadomość wznoszą się w górę kręgosłupa.

ćitta: odczuwanie intuicyjne; agregat świadomościowy, składający się z *ahamkary* (zasady egoicznej), *buddhi* (rozumu) i *manasu* (umysłu czyli świadomości zmysłowej).

dharma: wieczne zasady prawości, które podtrzymują całe stworzenie; tkwiący w naturze człowieka obowiązek życia w harmonii z tymi zasadami. (zob. także *Sanatana Dharma*).

duchowe oko: pojedyncze oko intuicji i wszechobecnej percepcji w Chrystusowym (Kutastha) ośrodku (w czakrze adźnia) między brwiami. Głęboko medytujący wielbiciel widzi duchowe oko jako pierścień złotego światła okalający błękitną, opalizującą kulę z pięcioramienną, białą gwiazdą w środku. W mikrokosmosie te kształty i kolory są przejawami, odpowiednio: wibracyjnej sfery stworzenia (Kosmicznej Przyrody, Ducha Świętego); Syna, czyli inteligencji Bożej w stworzeniu (Świadomości Chrystusowej); i niewibrującego Ducha ponad całym stworzeniem (Boga Ojca).

Oko duchowe jest przedsionkiem prowadzącym do najwyższych stanów boskiej świadomości. W głębokiej medytacji, gdy świadomość wielbiciela wnika przez duchowe oko do tych trzech sfer, doświadcza on kolejno następujących stanów: nadświadomości, czyli wciąż nowej radości płynącej z poznania duszy i jedności z Bogiem jako *Aum (q.v.)*, czyli Duchem Świętym; świadomości Chrystusowej, jedności z kosmiczną inteligencją Bożą w całym stworzeniu; i świadomości kosmicznej, zjednoczenia z wszechobecnością Bożą, która jest poza, a także wewnątrz wibracyjnego stworzenia. (zob. także *świadomość, jej stany; nadświadomość; Świadomość Chrystusowa*).

Wyjaśniając fragment z Księgi Ezechiela (43:1-2), Paramahansa Jogananda napisał: „Przez boskie oko na czole («wschód») jogin wypływa świadomością na ocean wszechobecności, słysząc słowo *Aum*, boski dźwięk «wielkich wód»: wibracji światła, będących jedyną rzeczywistością stworzenia". Ezechiel tak to opisał: „Wiódł mnie potem ku bramie, która brama patrzyła ku drodze na wschód słońca. A oto chwała Boga Izraelskiego przychodziła drogą od wschodu, a szum jej był jako szum wód wielkich, a ziemia się lśniła od chwały jego".

Jezus także mówił o duchowym oku: „Świecą ciała jest oko; jeśliby tedy oko twoje było jedno, i ciało twoje wszystko będzie jasne [...] Patrz więc, aby światło, które jest w tobie, nie było ciemnością"* (Łk 11:34-35).

Duch Święty: święta Kosmiczna Inteligentna Wibracja wysyłana od Boga w celu budowy i podtrzymywania stworzenia mocą Jej własnej wibracyjnej Istoty. Jest to zatem Święta Obecność Boża, Jego Słowo, wszechobecne we wszechświecie i w każdym bycie, narzędzie będące doskonałym kosmicznym odbiciem Boga, Świadomość Chrystusowa *(q.v.)*. Pocieszyciel, Kosmiczna Matka Natura, Prakryti *(q.v.)*. (zob. *Aum* i *Trójca*).

Termin „Duch Święty" jest przekładem greckiego słowa *pneuma* lub hebrajskiego słowa *ruach*. W obu językach używane są one w szerokim zakresie znaczeń: duch, oddech, wiatr – ogólnie oznaczają zasadę życiową człowieka i kosmosu. (Podobnie jest w języku łacińskim, gdzie *inspiratio* oznacza napływ powietrza do płuc, a także napływ boskiego lub twórczego ducha; i w sanskrycie, gdzie *prana* oznacza oddech, a także

Słowniczek 137

subtelną astralną energię życiową, która podtrzymuje ciało, oraz uniwersalną Kosmiczną Energię Wibracyjną, która jest podłożem i podstawą każdej cząstki stworzenia.)

dusza: zindywidualizowany Duch. Dusza to prawdziwa i nieśmiertelna natura człowieka i wszystkich form życia; jest ona tymczasowo odziana w szaty ciała fizycznego, astralnego i przyczynowego. Naturą duszy jest Duch; zawsze istniejąca, zawsze świadoma, wciąż nowa Radość.

dźniana-joga: (często wymawiane: *gjana-joga*) droga do zjednoczenia z Bogiem poprzez przemianę rozróżniającej mocy rozumu we wszechwiedzącą mądrość duszy.

ego: Zasada ego, *ahamkara* (dosłownie: „ja czynię"), jest podstawową przyczyną dwoistości, czyli pozornego oddzielenia człowieka od Stwórcy. Ahamkara oddaje człowieka pod władzę *maji (q.v.)*, przez co podmiot (ego) fałszywie jawi się jako przedmiot; stworzenia wyobrażają sobie, że są stwórcami. Poprzez uwolnienie się od świadomości ego człowiek budzi się do swojej boskiej tożsamości, jedności z wyłącznym Życiem: Bogiem.

eter: sanskryckie słowo *ākaśa*, tłumaczone jako „eter" bądź „przestrzeń", oznacza konkretnie jeden wibracyjny żywioł, najsubtelniejszy w świecie materialnym. (zob. *żywioły*.) Słowo *ākaśa* składa się z *ā*, „do, w kierunku" i *kaśa*, „być widocznym, jawić się". *Ākaśa* jest subtelnym „ekranem", na którym wszystko w materialnym wszechświecie staje się postrzegalne. „Przestrzeń nadaje przedmiotom wymiary; eter oddziela obrazy – powiedział Paramahansa Joganada. – Wypełniona eterem przestrzeń stanowi granicę między niebem, czyli światem astralnym, a ziemią – wyjaśnił. – Wszystkie subtelniejsze siły, jakie stworzył Bóg, składają się ze światła, czyli myślokształtów, i są jedynie ukryte za specyficzną wibracją, która przejawia się jako eter".

guru: nauczyciel duchowy. Słowem *guru* często niewłaściwie określa się jakiegokolwiek nauczyciela lub instruktora, ale prawdziwy oświecony przez Boga guru to taki, który poprzez osiągnięcie samoopanowania stał się tożsamy z wszechobecnym Duchem.

Kiedy uczeń jest gotowy do poważnego poszukiwania Boga, Pan zsyła mu guru. Bóg prowadzi ucznia pod kierunkiem tegoż mistrza wykorzystując jego mądrość, inteligencję, poznanie Jaźni i poprzez jego nauki. Dzięki stosowaniu się do nauk i zaleceń guru uczeń staje się zdolny do spełnienia pragnienia swej duszy – otrzymania manny postrzegania Boga. Prawdziwy guru, wyznaczony przez Boga do niesienia pomocy szczerym poszukującym w odpowiedzi na głębokie pragnienie ich duszy, nie jest zwykłym nauczycielem: jest ludzkim narzędziem, którego ciała, mowy, umysłu i duchowości Bóg używa jako środka do przyciągnięcia i doprowadzenia zagubionych dusz z powrotem do ich nieśmiertelnego domu. Guru jest żywym ucieleśnieniem prawdy pism świętych. Jest wysłannikiem zbawienia mianowanym przez Boga w odpowiedzi na żądanie duszy uwolnienia się z więzów materii.

„Dotrzymywanie towarzystwa Guru – napisał swami Śri Jukteśwar w *The Holy Science* [Święta nauka] – polega nie tylko na przebywaniu w jego fizycznej obecności (jako że to jest czasami niemożliwe), lecz głównie na tym, by mieć go w sercu, być z nim jednością z zasady i dostrajać się do niego" (zob. *mistrz*).

Guru Self-Realization Fellowship: Guru Self-Realization Fellowship /Yogoda Satsanga Society of India to Jezus Chrystus, Bhagawan Kryszna i linia wysoko postawionych mistrzów z czasów współczesnych: Mahawatar Babadźi, Lahiri Mahaśaya, swami Śri Jukteśwar i Paramahansa Jogananda. Integralną częścią działalności SRF jest ukazanie harmonii i podstawowej jedności nauk Jezusa Chrystusa i Bhagawana Kryszny. Wszyscy ci Guru poprzez uniwersalność swoich nauk i całkowite poddanie się Bogu przyczyniają się do spełnienia misji Self-Realization Fellowship, którą jest przekazanie ludziom praktycznej duchowej nauki poznania Boga.

Przekazanie przez guru duchowych obowiązków uczniowi, wyznaczonemu do kontynuowania linii, do której ten guru należy, nazywa się *guru parampara*. Tak więc, bezpośrednia linia guru Paramahansy Joganandy to Mahawatar Babadźi, Lahiri Mahaśaya i swami Śri Jukteśwar.

Przed śmiercią Paramahansadźi oświadczył, że życzeniem Boga jest, aby był on ostatnim w linii Guru Self-Realization Fellowship. Żaden kolejny uczeń ani przywódca w jego organizacji nigdy nie przyjmie tytułu guru. „Po moim odejściu – powiedział – nauki będą guru [...]. Poprzez nauki będziecie zestrojeni ze mną i wielkimi Guru, którzy mnie przysłali".

Zapytany o kolejność prezydencji Self-Realization Fellowship /Yogoda Satsanga Society of India, Paramahansadźi oświadczył: „Tej organizacji zawsze będą przewodniczyć ludzie, którzy poznali Jaźń. Już są oni znani Bogu i Guru. Będą służyć jako moi duchowi następcy i przedstawiciele we wszystkich sprawach duchowych i organizacyjnych".

intuicja: zdolność duszy do wszechwiedzy umożliwiająca człowiekowi doświadczenie bezpośredniego postrzegania prawdy bez pośrednictwa zmysłów.

Jaźń [ang. Self]: pisane z wielkiej litery w znaczeniu *atman*, czyli „dusza" dla odróżnienia od zwykłego „ja", które oznacza osobowość lub ego *(q.v)*. Jaźń jest zindywidualizowanym Duchem o naturze wiecznej, zawsze świadomej, wciąż nowej radości. Doświadczenie tych boskich cech natury duszy osiąga się dzięki medytacji.

joga: od sanskryckiego *judź* – łączyć, jednoczyć. Słowo *joga* w swoim najwyższym w filozofii hinduskiej sensie oznacza zjednoczenie indywidualnej duszy z Duchem poprzez praktykę naukowych metod medytacji. W szerszym spektrum filozofii hinduskiej joga jest jednym z sześciu tradycyjnych systemów obok *wedanty, mimansy, sankhji, wajśesziki* i *njaji*. Istnieją także różne rodzaje ścieżek jogicznych: *hatha-joga, mantra-joga, laja-joga, karma-joga, dźniana-joga, bhakti-joga* i *radźa-joga*. Radźa-joga, „królewska" lub pełna joga, jest tą, która nauczana jest przez Self-Realization Fellowship i której zalety wychwala Bhagawan Kryszna w rozmowie z Ardźuną w *Bhagawadgicie*: „Jogin jest większy od umartwiających ciało ascetów, większy nawet od tych, którzy idą ścieżką mądrości albo ścieżką czynu; bądź ty, o Ardźuno, joginem!" (*Bhagawadgita* VI:47). Mędrzec Patańdźali, najważniejszy propagator starożytnej indyjskiej *radźa-jogi*, wyszczególnił osiem stopni, dzięki którym *radźa-jogin* osiąga *samadhi*, czyli zjednoczenie z Bogiem. Są to: 1. *jama*, moralne postępowanie; 2. *nijama*, praktyki religijne; 3. *asana*, właściwa pozycja ciała; 4. *pranajama*, opanowanie prany, subtelnych prądów siły życiowej; 5. *pratjahara*, interioryzacja, wycofanie zmysłów z przedmiotów materialnych; 6. *dharana*, koncentracja; 7. *dhjana*, medytacja; i 8. *samadhi*, doświadczenie nadświadomości, zjednoczenie z Bogiem.

Słowniczek

jogin: osoba praktykująca jogę *(q.v.)*. Każdy, kto praktykuje naukową technikę w celu poznania Boga, jest joginem. Może być w związku małżeńskim albo nie, pełnić obowiązki w świecie albo poświęcić się wypełnianiu formalnych ślubów.

karma: skutki przeszłych czynów z tego żywota lub z poprzednich; od sanskryckiego *kŗ* – robić. Według objaśnień hinduskich pism świętych równoważące prawo karmy to prawo akcji i reakcji, przyczyny i skutku, siewu i zbioru. Zgodnie z naturalnym prawem sprawiedliwości każdy człowiek poprzez swe myśli i czyny staje się kowalem własnego losu. Każda energia, którą on sam, mądrze lub niemądrze, wprawił w ruch, musi powrócić do niego jako punktu wyjściowego, podobnie jak okrąg, który nieuchronnie musi się dopełnić. Zrozumienie prawa karmy jako prawa sprawiedliwości umożliwia uwolnienie ludzkiego umysłu od pretensji do Boga i bliźniego. Karma podąża za człowiekiem od wcielenia do wcielenia, aż się wypełni lub zostanie duchowo przekroczona. (zob. *reinkarnacja*).

Łączne czyny ludzkie w społeczeństwach, narodach albo na świecie jako całości tworzą karmę zbiorową, która przynosi lokalne albo dalekosiężne skutki, zależnie od stopnia i przewagi dobra lub zła. Tak więc myśli i czyny każdego człowieka mają wpływ na dobro i zło na świecie i wszystkich narodów.

karma-joga: droga do Boga poprzez działanie bez przywiązywania się do rezultatów i poprzez służbę. Dzięki bezinteresownej służbie, oddawaniu owoców działania Bogu i widzenia w Bogu jedynego Sprawcy działania, uczeń uwalnia się od ego i doświadcza Boga. (zob. *Joga*)

kosmiczna energia: zob. *prana*.

Kosmiczna Inteligentna Wibracja: zob. *Aum*

kosmiczna ułuda: zob. *maja*.

Kosmiczna Świadomość: Absolut; transcendentny Duch istniejący poza stworzeniem; Bóg Ojciec. Również medytacyjny stan *samadhi* polegający na jedności z Bogiem zarówno poza wibracyjnym stworzeniem, jak i wewnątrz niego. (zob. *Trójca*).

Kosmiczny Dźwięk: zob. *Aum*.

krija-joga: święta nauka duchowa powstała w Indiach tysiące lat temu. Podaje ona niezawodne techniki medytacyjne, których żarliwe praktykowanie prowadzi do poznania Boga. Paramahansa Jogananda wyjaśnił, że rdzeniem sanskryckiego słowa *kriya* jest *kr* – robić, działać i przeciwdziałać; od tego samego rdzenia pochodzi słowo *karma* – naturalna zasada przyczyny i skutku. *Krija-joga* jest zatem „zjednoczeniem (*jogą*) z Nieskończonym poprzez określone działanie lub rytuał (*kriję*)". *Krija-joga* jest wychwalana przez Krysznę w *Bhagawadgicie* i Patańdźalego w *Jogasutrach*. Przywrócona w obecnym stuleciu przez Mahawatara Babadźi *(q.v.)*, *krija-joga* jest *dikszą* (inicjacją duchową) udzielaną przez Guru Self-Realization Fellowship. Od czasu *mahasamadhi* *(q.v.)* Paramahansy Joganandy *dikszę* przekazuje wyznaczony przez niego przedstawiciel duchowy, którym jest przewodniczący lub przewodnicząca Self-Realization Fellowship/Yogoda Satsanga Society of India (bądź osoba wyznaczona przez przewodniczącego). Aby mieć prawo do *dikszy*, członkowie Self-Realization Fellowship muszą spełniać pewne wstępne duchowe warunki. Osoba, która otrzymała *dikszę*, nazywa się *krija-joginem* lub *krija-banem*. (zob. także *guru* i *uczeń*).

kundalini: potężny prąd twórczej energii życiowej znajdujący się w subtelnym, spiralnym kanale u podstawy kręgosłupa. W stanie jawy siła życiowa ciała płynie z mózgu w dół kręgosłupa, po czym wypływa na zewnątrz przez ten spiralny kanał *kundalini*, ożywiając ciało fizyczne i przywiązując do niego ciało astralne, ciało przyczynowe *(qq.v.)* oraz zamieszkałą w nich duszę. W wyższych stanach świadomości, których osiągnięcie jest celem medytacji, bieg energii kundalini zostaje odwrócony z powrotem w górę kręgosłupa i budzi uśpione władze duchowe w ośrodkach mózgowo-rdzeniowych (*czakrach*). Kundalini zwana jest także „siłą wężową" z powodu swego kształtu przypominającego zwiniętego węża.

Kryszna: zob. *Bhagawan Kryszna*.

Kryszny Świadomość: Świadomość Chrystusowa, *Kutastha Ćajtanja (q.v.)*. (zob. też *Chrystusowa Świadomość*).

Kutastha Ćajtanja: Chrystusowa Świadomość *(q.v.)*. Sanskryckie słowo *kutastha* oznacza „to, co pozostaje niezmienne"; *ćajtanja* znaczy świadomość.

Lahiri Mahaśaja: *Lahiri* to nazwisko Śjamy Ćarana Lahiriego (1828 – 1895). *Mahaśaja*, sanskrycki tytuł religijny, znaczy „o wielkim umyśle". Lahiri Mahaśaja był uczniem Mahawatara Babadźiego i guru swamiego Śri Jukteśwara (guru Paramahansy Joganandy). To Lahiremu Mahaśaji Babadź objawił starożytną, niemal utraconą naukę *krija-jogi (q.v.)*. Był *Jogawatarem* („Wcieleniem Jogi"), postacią, której zawdzięczamy odrodzenie jogi we współczesnych Indiach; udzielał nauk i błogosławieństw niezliczonym poszukującym, którzy do niego przychodzili, bez względu na kastę czy wyznanie. Był nauczycielem podobnym Chrystusowi, posiadał cudowne moce, ale zarazem miał rodzinę i pracował. Pokazał współczesnemu światu, jak można prowadzić idealnie zrównoważone życie, łącząc medytację i właściwe wykonywanie świeckich obowiązków. Życie Lahiriego Mahaśaji opisane jest w *Autobiografii jogina*.

Lekcje Self-Realization Fellowship: nauki Paramahansy Joganandy rozsyłane studentom na całym świecie w postaci serii lekcji, dostępne dla wszystkich szczerze poszukujących prawdy. Lekcje obejmują techniki medytacji jogicznej nauczane przez Paramahansę Joganandę, w tym, dla tych, którzy zdobyli uprawnienia, również technikę *krija-jogi (q.v)*.

Mahawatar Babadźi: nieśmiertelny *mahawatar* („wielki awatar"), który w 1861 roku inicjował Lahiriego Mahaśaję w *krija-jogę*, przywracając w ten sposób światu starożytną metodę zbawienia. Wiecznie młody, żyje od wieków w Himalajach, udzielając nieustannego błogosławieństwa światu. Jego misją jest niesienie pomocy prorokom w wypełnianiu ich specjalnych zadań. Nadawano mu wiele tytułów oznaczających wysoką pozycję duchową, jednak *mahawatar* przyjął najprostsze imię – Babadźi, gdzie *baba* oznacza w sanskrycie „ojciec", a *dźi* jest przyrostkiem wyrażającym szacunek. Więcej informacji na temat jego życia i duchowej misji zawiera *Autobiografia jogina*. Zob. *awatar*.

Słowniczek 141

mantra-joga: obcowanie z Bogiem osiągnięte przez powtarzanie z oddaniem i koncentracją rdzennych dźwięków, które mają dobroczynną moc wibracyjną. Zob. *joga*.

maja: moc ułudy tkwiąca w naturze stworzenia, z powodu której Jedyny wydaje się liczny. *Maja* jest zasadą względności, rozdzielenia, kontrastu, dwoistości, stanów opozycyjnych; „Szatan" (dosłownie po hebrajsku „przeciwnik") u starotestamentowych proroków; i „diabeł", którego Chrystus obrazowo opisał jako „mężobójcę" i „kłamcę", bo „w nim prawdy nie masz" (Jan 8:44).

Paramahansa Jogananda napisał: „Sanskryckie słowo *maja* znaczy «mierniczy»; jest to magiczna moc w stworzeniu, dzięki której w Niemierzalnym i Nierozdzielnym istnieją pozorne ograniczenia i podziały. *Maja* to sama Przyroda – światy zjawiskowe, zawsze w nieustannie zmiennym przepływie w przeciwieństwie do Niezmiennego Boga.

W Bożym planie i zabawie (*lili*) jedyną funkcją Szatana czyli *maji* jest próba odciągnięcia człowieka od Ducha ku materii, od Rzeczywistości do nierzeczywistości. «Od początku diabeł grzeszy. Na to się objawił Syn Boży, aby zniweczył uczynki diabelskie» (I Jan 3:8). Oznacza to, że objawienie się Świadomości Chrystusowej w człowieku łatwo niszczy ułudę, czyli «uczynki diabelskie».

Maja tworzy zasłonę przemijalności w Przyrodzie, jest nieustannym stawaniem się stworzenia. To zasłona, którą każdy człowiek musi podnieść, aby ujrzeć poza nią Stwórcę, Niezmiennego, wieczną Rzeczywistość".

medytacja: na ogół zinterioryzowana koncentracja w celu postrzeżenia Boga. Prawdziwa medytacja, *dhjana*, to świadome poznanie Boga drogą postrzegania intuicyjnego. Uczeń osiąga je dopiero po uzyskaniu stałej koncentracji, dzięki której odłącza uwagę od zmysłów i pozostaje nieporuszony wrażeniami zmysłowymi płynącymi z zewnętrznego świata. *Dhjana* to siódmy stopień ośmiostopniowej ścieżki jogi Patańdźalego; ósmym stopniem jest *samadhi*, komunia, jedność z Bogiem. Zob. *Patańdźali*.

medulla oblongata: struktura u podstawy mózgu (szczyt rdzenia przedłużonego) będąca głównym punktem wejścia siły życiowej (*prany*) do ciała. Jest siedzibą szóstego ośrodka mózgowo-rdzeniowego, którego funkcją jest odbieranie wpływającej energii kosmicznej i kierowanie nią. Siła życiowa gromadzona jest w siódmym ośrodku (*sahasrarze*) w szczytowej części mózgu. Z tego zbiornika rozprowadzana jest po całym ciele. Subtelny ośrodek w medulli to główny przełącznik kontrolujący wpływ, gromadzenie i rozprowadzanie siły życiowej.

mistrz: człowiek, który zdobył pełną władzę nad sobą. Także pełna szacunku forma zwracania się do guru *(q.v.)*.

Paramahansa Jogananda podkreślał, że „cechy wyróżniające mistrza nie są natury fizycznej, lecz duchowej. [...] Dowodu, że ktoś jest mistrzem, może dostarczyć tylko jego umiejętność dowolnego wchodzenia w stan bez oddechu (*sawikalpa samadhi*) i osiągnięcie trwałej szczęśliwości (*nirwikalpa samadhi*)". (zob. *samadhi*).

Paramahansadźi stwierdza ponadto: „Wszystkie pisma święte głoszą, że Pan stworzył człowieka na swoje wszechmocne podobieństwo. Wydaje się, że władza nad wszechświatem jest czymś nadprzyrodzonym, ale w istocie rzeczy władza taka jest wrodzona i naturalna u każdego, kto odzyskuje «właściwą pamięć» swego boskiego pochodzenia. Ludzie, którzy urzeczywistnili Boga w sobie [...] pozbawieni są zasady ego (*ahamkary*) i nie rodzą się w nich osobiste pragnienia; czyny prawdziwych mistrzów są bez wysiłku z ich strony zgodne z *rytą*, naturalnym prawem kosmicznym. Słowami W. Emersona: «Wielcy duchem stają się nie cnotliwymi, lecz Cnotą samą. Wtedy cel stworzenia zostaje osiągnięty i Bóg jest w pełni zadowolony»".

nadświadomość: czysta, intuicyjna, wszechwidząca, zawsze błoga świadomość duszy. Niekiedy słowa tego używa się ogólnie do określenia rozmaitych stanów *samadhi* (*q.v.*) doświadczanych w medytacji, ale w szczególności odnosi się ono do pierwszego stopnia stanu *samadhi*, w którym medytujący porzuca świadomość ego i poznaje siebie jako duszę, stworzoną na obraz Boga. Stąd przechodzi się do wyższych stanów poznania: świadomości Chrystusowej i świadomości kosmicznej (*q.v.*).

nadświadomy umysł: wszechwiedząca moc duszy umożliwiająca bezpośrednie postrzeganie prawdy; intuicja.

oddech: „Wraz z oddechem wpływają w człowieka niezliczone prądy kosmiczne. Wywołuje to niepokój umysłu – napisał Paramahansa Jogananda. – W ten sposób oddech łączy człowieka z przemijalnymi światami zjawiskowymi. Aby uciec od smutku przemijania i wejść do błogiego królestwa Rzeczywistości, jogin uczy się uspokajać oddech drogą naukowej medytacji".

paramahansa: tytuł duchowy oznaczający mistrza (*q.v.*). Może go przyznać jedynie prawdziwy guru przygotowanemu uczniowi. *Paramahansa* znaczy dosłownie: „najwyższy łabędź". W hinduskich pismach świętych *hansa*, czyli łabędź, symbolizuje duchową moc rozróżniania. Swami Śri Jukteśwar nadał ten tytuł swojemu umiłowanemu uczniowi Joganandzie w 1935 roku.

Patańdźali: słynny propagator jogi, mędrzec starożytnych czasów, którego dzieło *Jogasutry* podaje zasady ścieżki jogicznej, podzielonej na osiem stopni: 1. zalecenia moralne (*jama*); 2. właściwe praktyki (*nijama*); 3. pozycja medytacyjna (*asana*); 4. opanowanie siły życiowej (*pranajama*); 5. interioryzacja umysłu (*pratjahara*); 6. koncentracja (*dharana*); 7. medytacja (*dhjana*); 8. zjednoczenie z Bogiem (*samadhi*).

Poznanie Jaźni: Paramahansa Jogananda zdefiniował **poznanie jaźni** jako „niezbitą wiedzę – w ciele, umyśle i duszy – że stanowimy jedność z wszechobecnością Bożą; że nie musimy się o nią modlić, że zawsze jesteśmy nie tylko obok Niego, ale że wszechobecność Boża jest naszą wszechobecnością; że jesteśmy tak samo Jego częścią teraz, jak kiedykolwiek". Jedyne co musimy zrobić to pogłębić naszą wiedzę.

prana: iskry inteligentnej energii, subtelniejszej niż atomowa, które tworzą życie, określane w religijnych i jogicznych traktatach hinduskich zbiorczą nazwą *prana*; Paramahansa Jogananda przetłumaczył tę nazwę jako „żywotrony"; w istocie skondensowane myśli Boga; substancja świata astralnego (*q.v.*) i zasada życia kosmosu fizycznego. W świecie fizycznym są dwa rodzaje *prany*: 1. kosmiczna wibracyjna energia, wszechobecna we wszechświecie, budująca i podtrzymująca wszystkie rzeczy; 2. szczególna *prana*, czyli energia, przenikająca i podtrzymująca każde ciało ludzkie pięcioma prądami, pełniącymi

Słowniczek

pięć funkcji; funkcją prądu *prany* jest krystalizacja; prądu *wjany* krążenie; prądu *samany* przyswajanie; prądu *udany* przemiana materii; i prądu *apany* wydalanie.

pranajama: świadome zarządzanie *praną* (twórczą wibracją lub energią, która uruchamia i podtrzymuje życie w ciele). *Pranajama,* naukowa metoda jogi, prowadzi wprost do świadomego odłączania umysłu od funkcji życiowych i wrażeń zmysłowych, które przywiązują człowieka do świadomości ciała. Tak więc *pranajama* wyzwala ludzką świadomość, umożliwiając jej obcowanie z Bogiem. Wszystkie naukowe techniki, które prowadzą do zjednoczenia duszy z Duchem można zaklasyfikować do jogi, a *pranajama* jest najlepszą jogiczną metodą osiągnięcia tego zjednoczenia.

przyczynowe ciało: W zasadzie człowiek jako dusza jest istotą o ciele przyczynowym. Ciało przyczynowe jest zbudowaną z idei matrycą ciał astralnego i fizycznego. Ciało przyczynowe składa się z trzydziestu pięciu idei-pierwiastków, odpowiadających dziewiętnastu pierwiastkom ciała astralnego *(q.v.)* i szesnastu podstawowym pierwiastkom materialnym ciała fizycznego.

przyczynowy świat: Poza fizycznym światem materii (atomów, protonów, elektronów) i subtelnym światem astralnym zbudowanym ze świetlistej energii życiowej (żywotronów) znajduje się przyczynowy czy też złożony z idei świat myśli (myślotronów). Gdy człowiek rozwinie się na tyle, aby wznieść się ponad wszechświaty fizyczny i astralny, zamieszkuje wtedy we wszechświecie przyczynowym. W świadomości istot przyczynowych wszechświaty fizyczny i astralny sprowadzają się do kwintesencji ich myśli. To, co człowiek fizyczny może uczynić w wyobraźni, człowiek przyczynowy może uczynić w rzeczywistości – jedynym ograniczeniem jest sama myśl. Człowiek ostatecznie zrzuca ostatnie okrycie duszy – ciało przyczynowe – i jednoczy się z wszechobecnym Duchem, istniejącym poza wszystkimi światami wibracyjnymi.

radża-joga: „królewska" czyli najwyższa droga do zjednoczenia z Bogiem. Naucza naukowej medytacji *(q.v.)* jako podstawowego środka do poznania Boga i zawiera najistotniejsze elementy wszystkich innych form jogi. Nauki *radża-jogi* Self-Realization Fellowship nakreślają sposób życia prowadzący do doskonałego rozwoju ciała, umysłu i duszy, opierający się na medytacji *krija-jogi (q.v.).* (zob. *joga*).

reinkarnacja: doktryna postulująca, że wszyscy ludzie, zmuszeni prawem ewolucji, wielokrotnie powracają na ziemię do życia na coraz to wyższym poziomie duchowego rozwoju – opóźniani złymi czynami i przyśpieszani duchowym wysiłkiem – aż osiągną poznanie Jaźni i poznanie Boga. Przekroczywszy w ten sposób ograniczenia i niedoskonałości świadomości śmiertelnego ciała, dusza uwalnia się na zawsze od przymusowego wcielania się. „Kto zwycięży, uczynię go filarem w kościele Boga mojego, a więcej z niego już nie wyjdzie" (Ap 3;12).

ryszi: wieszczowie, wysoko rozwinięte istoty przejawiające boską mądrość; w szczególności oświeceni mędrcy starożytnych Indii, którym drogą intuicji zostały objawione Wedy.

sadhana: ścieżka dyscypliny duchowej. Konkretne pouczenia i ćwiczenia medytacyjne zalecone przez guru uczniom, którzy wiernie się do nich stosując, ostatecznie poznają Boga.

samadhi: najwyższy poziom ośmiostopniowej ścieżki jogi opisanej przez mędrca Patańdźalego *(q.v.)*. *Samadhi* zostaje osiągnięte, kiedy medytujący, proces medytacji (dzięki któremu umysł zostaje wycofany ze zmysłów drogą interioryzacji) i przedmiot medytacji (Bóg) stają się Jednym. Paramahansa Jogananda wyjaśnił, że „w początkowych stanach obcowania z Bogiem (*sawikalpa samadhi*) świadomość wielbiciela stapia się z Kosmicznym Duchem; siła życiowa zostaje wycofana z ciała, które wydaje się «martwe», bo jest nieruchome i sztywne. Jogin jest w pełni świadomy, że procesy życiowe ciała są spowolnione. Jednak gdy osiąga on coraz to wyższe stany duchowe (*nirwikalpa samadhi*) obcuje z Bogiem już bez nieruchomości ciała; także w zwykłym stanie świadomości dziennej, nawet gdy wypełnia żmudne codzienne obowiązki". Oba stany charakteryzuje wciąż nowa szczęśliwość w jedność z Duchem. Jednak stanu *nirwikalpa* doświadczają tylko najwyżsi mistrzowie.

Sanatana Dharma: dosłownie „wieczna religia". Nazwa nadana ogółowi nauk wedyjskich, które zaczęto nazywać hinduizmem po tym, jak Grecy nazwali lud zamieszkały nad brzegami rzeki Indus *Indusami*, czyli *Hindusami*. (zob. *dharma*).

Self-Realization Fellowship: międzynarodowa niesekciarska organizacja religijna założona przez Paramahansę Jogananędę w 1920 roku w Stanach Zjednoczonych (i pod nazwą Yogoda Satsanga Society of India w Indiach w 1917 r.) w celu rozpowszechniania na całym świecie zasad duchowych i technik medytacyjnych *krija-jogi* oraz wspierania wśród ludzi wszystkich ras, kultur i wyznań lepszego zrozumienia jednej Prawdy leżącej u podstaw wszystkich religii. (Zob. „Cele i ideały Self-Realization Fellowship", s. xxx.)

Paramahansa Jogananda wyjaśnił, że nazwa Self-Realization Fellowship oznacza „wspólnotę z Bogiem poprzez poznanie Jaźni i przyjaźń ze wszystkimi poszukującymi prawdy duszami".

W międzynarodowej siedzibie w Los Angeles organizacja ta publikuje pisma, wykłady i nieformalne pogadanki Paramahansy Joganandy, a także obszerną serię *Lekcji Self-Realization Fellowship* do nauki w domu oraz „Self-Realization", czasopismo, które założył w 1925 roku; wydaje kasety audio i wideo z jego naukami; nadzoruje świątynie, miejsca odosobnienia, ośrodki medytacyjne, programy dla młodzieży i społeczności zakonne Self-Realization Fellowship. Organizacja prowadzi wykłady i cykle lekcji w miastach na całym świecie i koordynuje działalność Ogólnoświatowego Koła Modlitewnego, sieci grup i pojedynczych osób modlących się za potrzebujących pomocy fizycznej, psychicznej i duchowej oraz za pokój i harmonię na świecie.

siła życiowa: zob. *prana*.

Szatan: w języku hebrajskim dosłownie „przeciwnik". Szatan jest świadomą i niezależną siłą kosmiczną, która utrzymuje wszystko i wszystkich w stanie omamienia nieduchową świadomością skończoności i oddzielenia od Boga. Aby dokonać swego dzieła, Szatan używa jako broni *maji* (kosmicznej ułudy) i *awidji* (mamienia pojedynczych osób, niewiedzy). (zob. *maja*).

Śri: tytuł wyrażający szacunek. Użyty przed imieniem członka zakonu oznacza „święty" lub „czcigodny".

Śri Jukteśwar, swami: swami Śri Jukteśwar Giri (1855 – 1936), indyjski Dźnianawatar („Wcielenie Mądrości"); guru Paramahansy Joganandy i *paramguru* krijabanów w Self-Realization Fellowship. Śri Jukteświardźi był uczniem Lahiriego Mahaśaji. Na polecenie guru Lahiriego Mahaśaji, Mahawatara Babadźiego, napisał *The Holy Science* (Świętą wiedzę), traktat o podstawowej jedności chrześcijańskich i hinduskich pism świętych, i przygotował Paramahansę Joganandę do jego światowej misji duchowej: rozpowszechnienia *krija-jogi (q.v.)*. Paramahansadźi opisał z miłością życie Śri Jukteświardźi w *Autobiografii jogina*.

świadomość, stany: W zwykłej świadomości śmiertelnika człowiek doświadcza trzech faz: jawy, snu i marzeń sennych. Nie doświadcza jednak swej duszy, nadświadomości, i nie doświadcza Boga. Człowiek o świadomości Chystusowej (człowiek-Chrystus) doświadcza tych faz. Tak jak zwykły śmiertelnik jest świadomy całego swego ciała, tak człowiek-Chrystus jest świadomy całego wszechświata, który odczuwa jako swoje ciało. Ponad stanem świadomości Chrystusowej jest świadomość kosmiczna, doświadczenie jedności z Bogiem w Jego absolutnej świadomości poza wibracyjnym stworzeniem, jak również z wszechobecnością Pana przejawiającą się w światach zjawiskowych.

Trójca: Kiedy Bóg tworzy wszechświat, staje się Trójcą: Ojcem, Synem, Duchem Świętym lub *Sat, Tat, Aum*. Ojciec (*Sat*) to Stwórca istniejący ponad stworzeniem (Świadomość Kosmiczna). Syn (*Tat*) to wszechobecna inteligencja Boga istniejąca w stworzeniu (Świadomość Chrystusowa lub Kutastha Ćajtanja). Duch Święty (*Aum*) to wibracyjna moc Boga, która się uprzedmiotawia i staje stworzeniem.

uczeń: aspirant duchowy, który przychodzi do guru w poszukiwaniu Boga i w tym celu ustanawia wieczny związek duchowy z guru. W Self-Realization Fellowship związek między guru a uczniem zostaje ustanowiony poprzez *dikszę*, inicjację w *krija-jogę*.

Wedy: cztery święte księgi Hindusów: Rygweda, Samaweda, Jadźurweda i Atharwaweda. Są to w zasadzie księgi zwierające zbiory świętych śpiewów, przepisów rytualnych i formuł ofiarnych do recytacji, mających na celu ożywienie i uduchowienie wszystkich faz ludzkiego życia i działalności. Wśród niezliczonych tekstów indyjskich, Wedy (od sanskryckiego rdzenia *wid*, „wiedzieć") są jedynymi pismami, którym nie przypisuje się autorstwa. Rygweda przypisuje hymnom niebiańskie źródło, twierdząc, że dotarły do nas z „czasów starożytnych", odziane w nowy język. Objawiane w boski sposób ryszim („wieszczom") w kolejnych epokach, cztery Wedy, jak się uważa, posiadają *nitjatwę*, „wieczną trwałość".

Yogoda Satsanga Society of India: nazwa, pod którą organizacja Paramahansy Joganandy znana jest w Indiach. Organizację założył w 1917 roku Paramahansa Jogananda. Jej siedziba główna, Yogoda Math, położona jest nad brzegiem Gangesu w Dakśineśwarze w pobliżu Kalkuty. Yogoda Satsanga Society ma filialny *math* w Rańci w Dźharkhandzie (poprzednio Bihar) i wiele innych ośrodków filialnych. Poza ośrodkami medytacyjnymi Yogoda w całych Indiach, istnieją dwadzieścia dwie instytucje edukacyjne na poziomie od szkoły podstawowej po college. *Yogoda*, słowo ukute przez Paramhansę Joganandę, pochodzi od *joga* (ang. *yoga*) – „zjednoczenie", „harmonia", „równowaga" i *da* – „dający".

Satsanga składa się z *sat* – „prawda" i *sanga* – „wspólnota". Dla ludzi Zachodu Śri Jogananda przetłumaczył indyjską nazwę jako „Self-Realization Fellowship".

zło: szatańska siła, która przesłania wszechobecność Boga w stworzeniu, przejawiająca się jako brak harmonii w człowieku i przyrodzie. W szerszym znaczeniu termin ten oznacza wszystko to, co przeciwne jest boskiemu prawu (zob. *dharma*), co sprawia, że człowiek traci świadomość swej zasadniczej jedności z Bogiem, i co przeszkadza w osiągnięciu poznania Boga w sobie.

żywioły (pięć): Kosmiczna Wibracja, czyli *Aum*, tworzy strukturę całego fizycznego stworzenia, włącznie z ciałem fizycznym człowieka, poprzez przejawienie pięciu *tattw* (żywiołów): ziemi, wody, ognia, powietrza i eteru *(q.v.)*. Są to siły strukturalne, inteligentne i o wibracyjnej naturze. Bez żywiołu ziemi nie istniałby stan stały materii; bez żywiołu wody nie byłoby stanu płynnego; bez żywiołu powietrza – stanu gazowego, bez żywiołu ognia – ciepła; bez żywiołu eteru – przestrzeni, w której mógłby się rozgrywać kosmiczny film. W ciele *prana* (kosmiczna energia wibracyjna) wchodzi do medulli, a następnie rozdzielana jest na pięć prądów żywiołów w pięciu niższych *czakrach (q.v.)*, czyli ośrodkach: u podstawy (ziemia), płciowym (woda), pępkowym (ogień), sercowym (powietrze) i gardłowym (eter). Sanskryckie nazwy tych żywiołów to *prythywi*, *ap*, *tedźas*, *akaśa*.

żywotrony: zob. *prana*.

www.ingramcontent.com/pod-product-compliance
Lightning Source LLC
Chambersburg PA
CBHW061654040426
42446CB00010B/1738